Gouvernance des données de santé à l'ère du numérique

MISE EN ŒUVRE DE LA RECOMMANDATION DE L'OCDE SUR LA GOUVERNANCE DES DONNÉES DE SANTÉ

2016-2021

))) OCDE

DES POLITIQUES MEILLEURES
POUR UNE VIE MEILLEURE

Ce document, ainsi que les données et cartes qu'il peut comprendre, sont sans préjudice du statut de tout territoire, de la souveraineté s'exerçant sur ce dernier, du tracé des frontières et limites internationales, et du nom de tout territoire, ville ou région.

Les données statistiques concernant Israël sont fournies par et sous la responsabilité des autorités israéliennes compétentes. L'utilisation de ces données par l'OCDE est sans préjudice du statut des hauteurs du Golan, de Jérusalem-Est et des colonies de peuplement israéliennes en Cisjordanie aux termes du droit international.

Note de la Turquie
Les informations figurant dans ce document qui font référence à « Chypre » concernent la partie méridionale de l'Ile. Il n'y a pas d'autorité unique représentant à la fois les Chypriotes turcs et grecs sur l'Ile. La Turquie reconnaît la République Turque de Chypre Nord (RTCN). Jusqu'à ce qu'une solution durable et équitable soit trouvée dans le cadre des Nations Unies, la Turquie maintiendra sa position sur la « question chypriote ».

Note de tous les États de l'Union européenne membres de l'OCDE et de l'Union européenne
La République de Chypre est reconnue par tous les membres des Nations Unies sauf la Turquie. Les informations figurant dans ce document concernent la zone sous le contrôle effectif du gouvernement de la République de Chypre.

Merci de citer cet ouvrage comme suit :
OCDE (2022), *Gouvernance des données de santé à l'ère du numérique : Mise en œuvre de la Recommandation de l'OCDE sur la gouvernance des données de santé*, Éditions OCDE, Paris, https://doi.org/10.1787/37ef3797-fr.

ISBN 978-92-64-33944-6 (imprimé)
ISBN 978-92-64-55079-7 (pdf)

Avant-propos

Les pays de l'OCDE sont de plus en plus soucieux de disposer de la bonne infrastructure de données pour produire des statistiques sur la santé et pour mesurer la qualité et les résultats des soins. On entend par là les informations recueillies par le biais de registres, de données administratives, de dossiers médicaux électroniques et d'autres sources, et le croisement des données entre les structures et les niveaux de soins, ainsi que les mécanismes nécessaires pour générer et utiliser des données actualisées et exploitables.

L'intérêt pour le renforcement des systèmes d'information sur la santé a grandi depuis que la pandémie de COVID-19 a mis en évidence l'importance d'une information fiable et actualisée pour la prise de décision.

La Recommandation sur la gouvernance des données de santé a été adoptée par le Conseil de l'OCDE le 13 décembre 2016. La Recommandation fournit une feuille de route aux pays qui y adhèrent pour parvenir à un système intégré d'information sur la santé qui réponde aux besoins d'information sur la santé de l'ère du numérique. Les systèmes intégrés d'information sur la santé permettent la prestation de soins intégrés, un système de santé aux performances élevées et la valeur en santé, des services de santé centrés sur la personne et des environnements de données d'excellence pour la recherche et l'innovation.

Tous les pays sont encouragés à adhérer à cette Recommandation, qui fournit des orientations pour l'élaboration de cadres de gouvernance nationaux permettant la protection des données médicales personnelles et leur utilisation à des fins d'action publique. La Recommandation :

- Encourage la mise à disposition et l'utilisation des données médicales personnelles dans la mesure où cette démarche permet des améliorations significatives sur le plan de la santé, de la qualité des soins et des performances du système de santé et donc de bâtir des sociétés en bonne santé, tout en poursuivant la promotion et la défense des valeurs fondamentales que sont la protection de la vie privée et des libertés individuelles ;
- Promeut l'utilisation des données médicales personnelles au bénéfice de la santé publique tout en veillant à ce que la population reste confiante dans le fait que les risques de sécurité et d'atteinte à la vie privée sont aussi limités que possible et gérés de manière efficace ; et
- Permet une meilleure harmonisation des cadres de gouvernance des données de santé des Adhérents, de sorte qu'un plus grand nombre de pays puissent tirer profit d'utilisations des données à des fins de statistique et de recherche pouvant bénéficier à tous et puissent participer à des projets internationaux de statistique et de recherche tout en protégeant la confidentialité et la sécurité des données.

Le présent rapport décrit les progrès réalisés par les pays ayant adhéré à cette Recommandation s'agissant de sa mise en œuvre sur la période 2016-2021 et permet de constater que les pays sont toujours en train de mettre en œuvre cette Recommandation. Les défis particuliers à relever sont l'harmonisation des démarches adoptées en matière de gouvernance et de normes relatives aux données afin de favoriser les collaborations entre pays en matière de recherche et l'analyse comparative à l'échelle internationale, ainsi que le partage des meilleures pratiques et le soutien à l'apprentissage mutuel pour faire face aux nouvelles menaces en matière de cybersécurité.

Remerciements

Ce rapport a été établi par le Comité de la santé de l'OCDE et ses organes subsidiaires, à savoir les groupes de travail sur la qualité et les résultats des soins de santé et sur les statistiques de la santé, ainsi que par le Comité de la politique de l'économie numérique et son organe subsidiaire, à savoir le Groupe de travail sur la gouvernance des données et la vie privée. L'OCDE tient à remercier les représentants des pays qui composent ces groupes de travail et comités et qui ont généreusement donné de leur temps pour répondre à des enquêtes, examiner des projets et participer à des ateliers et des réunions qui ont conduit à l'achèvement du présent rapport.

Merci également au personnel du Secrétariat de l'OCDE, notamment Jillian Oderkirk, Elettra Ronchi, Céline Folsché, Isabelle Vallard, Ricardo Sanchez Torres et Justine Deziel, pour leur contribution. Les auteurs tiennent à remercier Stefano Scarpetta, Mark Pearson et Francesca Colombo pour la relecture de ce rapport.

Table des matières

Avant-propos   3

Remerciements   4

Résumé   7

1 Généralités   10
Initiative de l'OCDE visant à renforcer l'infrastructure d'information sur la santé   10
Élaboration de la Recommandation de l'OCDE sur la gouvernance des données de santé   11
Méthodologie   13

2 Processus   15

3 Diffusion   17

4 Mise en œuvre   20
Première recommandation : un cadre national de gouvernance des données de santé   20
Deuxième recommandation : la coopération internationale   72
Troisième recommandation : échange de données et interopérabilité   76

5 Synthèse et conclusions   78
Mise en œuvre   78
Diffusion   80
Maintien de la pertinence   81
Prochaines étapes   81

Références   83

Annex A. Tableaux supplémentaires   86
Notes   88

GRAPHIQUES

Graphique 4.1. Pourcentage des grands ensembles de données nationales sur la santé disponibles et régulièrement couplés à des fins de suivi et de recherche   43
Graphique 4.2. Nombre de répondants ayant une obligation de déclaration des notifications de violation de données à caractère personnel à une ou plusieurs autorités   47

Graphique 5.1. Un petit groupe d'Adhérents obtient de bons résultats à la fois en termes de disponibilité, de maturité et d'utilisation des ensembles de données et de gouvernance de ces ensembles 79

TABLEAUX

Tableau 4.1. Éléments de gouvernance des données nationales sur la santé 22
Tableau 4.2. Les difficultés du développement d'une gouvernance des données nationales sur la santé 29
Tableau 4.3. Normes d'interopérabilité 34
Tableau 4.4. Organisation nationale chargée de l'infrastructure des DME, et son rôle dans l'établissement des normes relatives aux données 35
Tableau 4.5. Disponibilité, maturité et utilisation des grands ensembles de données nationales sur la santé, 2019-20 38
Tableau 4.6. Lois ou règlements exigeant des normes d'interopérabilité applicables aux DME 69
Tableau 4.7. Exigences de certification des fournisseurs de logiciels de systèmes de DME 70
Tableau 4.8. Audits portant sur la qualité des dossiers médicaux électroniques 71
Tableau 4.9. Dans certains pays, les chercheurs d'établissements universitaires et d'organisations à but non lucratif étrangers peuvent se voir accorder l'accès à des données médicales personnelles désidentifiées 75
Tableau 4.10. Collaborations mondiales pour les échanges et les normes terminologiques 77

Tableau A A.1. Disponibilité, maturité et utilisation des ensembles de données nationales sur la santé 86
Tableau A A.2. Pourcentage des grands ensembles de données de santé nationaux comportant des éléments de gouvernance recommandés 87

Suivez les publications de l'OCDE sur :

http://twitter.com/OECD_Pubs

http://www.facebook.com/OECDPublications

http://www.linkedin.com/groups/OECD-Publications-4645871

http://www.youtube.com/oecdilibrary

http://www.oecd.org/oecddirect/

Résumé

La Recommandation sur la gouvernance des données de santé a été adoptée par le Conseil de l'OCDE le 13 décembre 2016 sur proposition du Comité de la santé et du Comité de la politique de l'économie numérique (CPEN), et a été accueillie favorablement par les ministres de la Santé de l'OCDE réunis à Paris le 17 janvier 2017.

La Recommandation vise à guider les Adhérents eu égard à la définition des conditions-cadres nécessaires à la mise à disposition et à l'utilisation des données médicales personnelles afin d'en exploiter le potentiel. Ce faisant, elle propose aussi une feuille de route pour harmoniser davantage les approches de la gouvernance des données de santé entre les Adhérents. Le secteur de la santé reste très en retard par rapport à d'autres secteurs économiques tels les transports, les voyages, la banque et la finance, en termes d'interopérabilité des données. Elle a été conçue de façon à être neutre sur le plan technologique et robuste face à l'évolution des données de santé et des technologies dans ce domaine.

La Recommandation a donné des orientations importantes aux gouvernements pendant la pandémie de COVID-19. La pandémie a mis en lumière la capacité des systèmes nationaux d'information sur la santé à fournir des informations décisives dans l'intérêt général, mais aussi certains aspects de la gouvernance des données qui ont empêché de lui apporter une réponse rapide. En outre, la Recommandation est un outil d'évaluation des progrès accomplis par les pays en ce qui concerne la mise en place de systèmes intégrés d'information sur la santé modernes qui répondent aux besoins d'information de l'ère du numérique et permettent d'aider les gouvernements en temps de crise.

La nécessité d'une norme internationale sur la gouvernance des données de santé

Les données de santé sont nécessaires pour améliorer la qualité et la sûreté des services de santé et faire en sorte qu'ils soient axés sur les patients, pour soutenir l'innovation scientifique, pour favoriser la découverte et l'évaluation de traitements novateurs et pour élaborer de nouveaux modèles de prestation de services de santé et les évaluer. Le volume des données personnelles de santé au format électronique est déjà considérable et il augmente encore grâce au progrès technologique, notamment les dossiers médicaux et administratifs électroniques, les appareils et applications de suivi comportemental et environnemental, ainsi que les biobanques et les technologies génomiques. L'échelle, les capacités et les méthodes de collecte, d'agrégation et d'analyse des données de santé sont aussi en pleine mutation.

Lorsque les données personnelles de santé sont couplées et analysées, un gain exponentiel de valeur informative peut être obtenu au bénéfice de la santé publique, par exemple améliorer le diagnostic, en particulier pour les maladies rares, recenser les personnes qui répondent le mieux au traitement et personnaliser les soins afin d'améliorer les résultats des patients, détecter les pratiques et les traitements médicaux peu sûrs, récompenser les pratiques médicales qui se caractérisent par un niveau élevé de qualité et d'efficacité, détecter la fraude et le gaspillage au sein du système de santé, évaluer les effets à long terme des traitements médicaux, ou encore découvrir et évaluer des pratiques et traitements médicaux innovants. De nouvelles technologies, notamment l'analyse des données massives, peuvent par exemple mettre à profit la montée de la puissance de calcul informatique pour traiter en temps réel un large éventail de données qui, lorsqu'elles sont appliquées à la santé, peuvent améliorer les soins aux patients et favoriser la découverte de marqueurs de maladies et de solutions propres à chaque pathologie.

Cependant, souvent, les données sont détenues de manière cloisonnée par les organismes qui les recueillent. Aussi, des incertitudes apparaissent-elles quant à la concrétisation des avantages potentiels de ces techniques d'analyse tout en respectant les normes et procédures actuelles de protection des données. Une étude de l'OCDE de 2013 a révélé que beaucoup de Membres de l'OCDE ne disposent pas d'un cadre de politiques publiques coordonné pour guider les pratiques d'utilisation et le partage des données de santé, afin de protéger la vie privée, d'améliorer l'efficacité, de promouvoir la qualité et la recherche innovatrice.

Le traitement des données de santé comporte des risques et des avantages au niveau individuel comme à l'échelle de la société dans son ensemble. Il est crucial de préserver la confidentialité du système de santé pour maintenir des soins et des traitements efficaces et pour la santé publique. Il est nécessaire de trouver un équilibre approprié entre ces risques et ces avantages si l'on veut défendre au mieux l'intérêt individuel et collectif. En outre, une collaboration internationale est essentielle pour permettre aux pays de tirer avantage des données de santé en toute sécurité et de soutenir la production de statistiques dans de multiples pays, la recherche et d'autres objectifs sanitaires de ces données répondant à l'intérêt général.

C'est dans ce contexte qu'en 2014, le Comité de la santé et le CPEN ont convenu d'élaborer conjointement une norme de l'OCDE pour traiter ces questions, à savoir la Recommandation du Conseil sur la gouvernance des données de santé.

Champ d'application de la Recommandation

Elle s'applique à l'accès aux données personnelles de santé et à leur traitement au bénéfice de la santé publique, par exemple améliorer la qualité, la sécurité et la réactivité des soins de santé, réduire les risques de santé publique, découvrir et évaluer des outils de diagnostic et des traitements novateurs afin de consolider les résultats sur le plan sanitaire, gérer efficacement les ressources de santé, contribuer au progrès scientifique et médical, renforcer la planification et l'évaluation des politiques publiques et améliorer le vécu des patients ainsi que leur implication dans leur parcours de soins.

La Recommandation recommande que les gouvernements définissent et appliquent un cadre national de gouvernance des données de santé afin d'encourager la mise à disposition et l'utilisation des données personnelles de santé au bénéfice de la santé publique tout en favorisant la protection de la vie privée et des données personnelles de santé et la sécurité des données. Douze principes définissent les paramètres à prendre en compte pour mieux harmoniser à l'échelle internationale les cadres de gouvernance des données de santé des Adhérents, afin qu'un plus grand nombre de pays puisse utiliser les données de santé à des fins de recherche, de statistique et d'amélioration de la qualité des soins.

La Recommandation préconise également que les Adhérents facilitent la coopération internationale en matière de traitement des données de santé au bénéfice de la santé publique. Elle recommande en outre que les Adhérents engagent un dialogue avec les experts et les organisations concernés pour mettre au point des mécanismes propices à l'échange et à l'interopérabilité efficaces des données de santé.

Enfin, elle encourage les organisations non gouvernementales à suivre la Recommandation lorsqu'elles traitent des données médicales personnelles au bénéfice de la santé publique et invite les non-Adhérents à prendre en compte la Recommandation et à y adhérer.

Les pays sont toujours en train de mettre en œuvre la Recommandation.

Le présent rapport présente les progrès accomplis par les pays adhérents quant à la mise en œuvre de la Recommandation et rend compte de sa diffusion et du maintien de sa pertinence. Il a été rédigé à l'aide de trois enquêtes (l'Enquête 2019-20 sur l'utilisation et la gouvernance des données de santé, l'Enquête 2021 sur l'élaboration, l'utilisation et la gouvernance des systèmes de dossiers médicaux électroniques et l'Enquête 2021 sur l'évolution des données de santé et de leur gouvernance pendant la pandémie de COVID-19) ainsi que des résultats de plusieurs ateliers, dont un sur le thème Innover en santé au moyen de pratiques de traitement de l'information équitables, qui s'est tenu en 2021.

Le rapport 2022 confirme le maintien de la pertinence de la Recommandation, qui s'est avérée particulièrement importante pour affronter la pandémie de COVID-19. Les résultats d'ensemble montrent que de nombreux Adhérents continuent d'œuvrer à la mise en œuvre de la Recommandation.

Parmi les Adhérents ayant obtenu les scores les plus faibles en termes de disponibilité, de maturité et d'utilisation d'ensembles de données, la difficulté réside dans la mise à disposition de données à des fins de recherche et de statistique. Dans ces pays, il reste beaucoup à faire pour élaborer des politiques et pratiques de collaboration entre les autorités gouvernementales en matière de conservation des données de santé essentielles. En outre, des travaux et des investissements considérables sont nécessaires de la part de ces Adhérents pour améliorer la qualité, le couplage et le partage des données avec les chercheurs au bénéfice de la santé publique. Parmi les Adhérents ayant obtenu les scores les plus faibles en termes de gouvernance des données, il reste des lacunes à combler en matière de protection de la confidentialité et de la sécurité des données pour les principaux ensembles de données de santé. Pour ce faire, il conviendrait de nommer un responsable de la protection des données et d'assurer la formation du personnel, de mettre en place des contrôles d'accès, de gérer les risques de réidentification et de protéger les données lorsque celles-ci sont couplées et accessibles.

Le rapport 2022 conclut également que la Recommandation a été largement diffusée auprès des différentes parties prenantes par divers moyens, notamment par le biais d'ateliers, de rapports, d'articles scientifiques, de bulletins d'information et de blogs, ainsi que d'exposés lors de réunions et de conférences. Il est possible d'aller plus loin, et les Adhérents sont encouragés à poursuivre la diffusion de la Recommandation à tous les niveaux d'administration et d'organisations non gouvernementales.

Prochaines étapes

Au cours des cinq prochaines années, le Comité de la santé et le Comité de la politique de l'économie numérique continueront de développer des outils pour soutenir la mise en œuvre et la diffusion de la Recommandation.

En outre, les conclusions du présent rapport contribuent à un nouveau projet horizontal de l'OCDE, intitulé « Vers le numérique III », dont l'objectif est d'aider les pays à renforcer la gouvernance des données aux fins d'aide au développement de sociétés numériques.

Les futurs travaux seraient axés sur trois domaines qui posent problème aux Adhérents dans le cadre de la mise en œuvre de la Recommandation : 1) renforcer l'interopérabilité des données de santé et l'analytique de données ; 2) parvenir à une plus grande harmonisation des cadres de gouvernance des données de santé afin que la collaboration internationale repose sur le partage et l'utilisation des données de santé ; et 3) améliorer le partage d'expériences et de meilleures pratiques en matière de sécurité des données de santé en réponse à la multiplication des attaques malveillantes contre ce type de données.

1 Généralités

Les données de santé sont nécessaires pour améliorer la qualité et la sûreté des services de santé et faire en sorte qu'ils soient axés sur les patients, pour soutenir l'innovation scientifique, pour favoriser la découverte et l'évaluation de traitements novateurs et pour élaborer de nouveaux modèles de prestation de services de santé et les évaluer. Le volume des données personnelles de santé au format électronique est déjà considérable et il augmente encore grâce au progrès technologique, notamment les dossiers médicaux et administratifs électroniques, les appareils et applications de suivi comportemental et environnemental, ainsi que les biobanques et les technologies génomiques. L'échelle, les capacités et les méthodes de collecte, d'agrégation et d'analyse des données de santé sont aussi en pleine mutation.

Lorsque les données personnelles de santé sont couplées et analysées, un gain exponentiel de valeur informative peut être obtenu au bénéfice de la santé publique, par exemple améliorer le diagnostic, en particulier pour les maladies rares, recenser les personnes qui répondent le mieux au traitement et personnaliser les soins afin d'améliorer les résultats des patients, détecter les pratiques et les traitements médicaux peu sûrs, récompenser les pratiques médicales qui se caractérisent par un niveau élevé de qualité et d'efficacité, détecter la fraude et le gaspillage au sein du système de santé, évaluer les effets à long terme des traitements médicaux, ou encore découvrir et évaluer des pratiques et traitements médicaux innovants.

De nouvelles technologies, notamment l'analyse des données massives, peuvent par exemple mettre à profit la montée de la puissance de calcul informatique pour traiter en temps réel un large éventail de données qui, lorsqu'elles sont appliquées à la santé, peuvent améliorer les soins aux patients et favoriser la découverte de marqueurs de maladies et de solutions propres à chaque pathologie. Les technologies émergentes peuvent également soutenir et renforcer la protection de la vie privée et la sécurité des données.

Les données personnelles de santé sont de nature sensible, et le fait de faciliter le partage et l'utilisation des données accroît le risque de perte et d'usage abusif, ce qui peut nuire aux individus sur les plans personnel, social et financier et amoindrir leur confiance dans les prestataires de soins de santé et les pouvoirs publics. Il est nécessaire de trouver le juste équilibre entre les risques et les avantages associés à l'utilisation des données de santé si l'on veut défendre au mieux les intérêts individuels comme l'intérêt général. Il faut pour cela garantir la transparence, comprendre les attentes raisonnables des individus et s'accorder sur la meilleure façon possible de servir l'intérêt général, tant en termes de protection des données de santé que de bénéfices pour les individus et la société.

Initiative de l'OCDE visant à renforcer l'infrastructure d'information sur la santé

Le Groupe de travail sur la qualité et les résultats des soins de santé (HCQO), et son prédécesseur, le Groupe d'experts sur les indicateurs de qualité des soins de santé (HCQI), pilotent depuis 2011 une initiative de l'OCDE visant à aider les pays à consolider leur infrastructure d'information sur la santé. Ces travaux ont fait suite à un appel lancé par les ministres de la Santé de l'OCDE en octobre 2010 pour utiliser plus efficacement les données de santé et améliorer ainsi les performances du secteur de la santé et la qualité des soins.

En 2013, le Groupe d'experts sur les indicateurs de la qualité des soins de santé (HCQI) (devenu le Groupe de travail sur la qualité et les résultats des soins de santé en 2017) [COM/DELSA/DSTI(2016)1/REV4] avait publié son premier rapport, intitulé Strengthening Health Information infrastructure (OCDE, 2013[1]). Ce rapport montrait que le développement et l'utilisation des données de santé étaient des processus très variables selon les pays étudiés. En particulier, l'étude a constaté que les principaux ensembles de données de santé dans les pays étaient souvent conservés de manière cloisonnée par les organismes chargés de les recueillir et que l'incertitude régnait quant à la façon dont on pouvait retirer des avantages potentiels des nouvelles techniques d'analyse tout en veillant au respect des normes et procédures en vigueur en matière de protection des données. Le rapport a en outre révélé que beaucoup de pays membres de l'OCDE ne disposaient pas d'un cadre coordonné de politiques publiques pour guider les pratiques d'utilisation et de partage des données de santé, afin de protéger la vie privée, de réaliser des gains d'efficience, de promouvoir la qualité et d'encourager l'innovation dans la recherche.

Le rapport a donné lieu à une étude complémentaire qui a suivi l'évolution des systèmes d'information sur la santé et a mis au jour et documenté des pratiques prometteuses en matière de gouvernance des données de santé (OCDE, 2015[2]). L'étude, publiée en 2015, a recensé huit mécanismes clés de la gouvernance des données de santé qui optimisent, pour les patients et pour la société, les avantages liés à la collecte, au couplage et à l'analyse des données de santé, tout en réduisant autant que possible les risques d'atteinte à la vie privée des patients et de sécurité des données de santé.

Une deuxième étude complémentaire, publiée en 2017, a examiné en profondeur les fondements de l'infrastructure d'information sur la santé, c'est-à-dire le développement et l'utilisation des données au sein des systèmes de dossiers médicaux électroniques (Oderkirk, 2017[3]). L'étude a montré que les pays en sont à des stades très différents de la mise en œuvre et de l'utilisation des dossiers médicaux électroniques, et que seul un sous-groupe restreint de pays dispose de solides capacités à la fois techniques et opérationnelles pour extraire des données de ces systèmes à des fins de statistique et de recherche, et bénéficie en outre d'un cadre de gouvernance des données de santé et d'investissements à l'appui de leur utilisation.

Les résultats de l'étude du Groupe de travail HCQO ont été largement diffusés, notamment dans d'autres rapports de l'OCDE et dans des publications spécialisées consacrées au développement et aux effets des données massives dans la société, à la définition de principes de gouvernance des données de santé et à l'impact des nouvelles technologies de la santé, et proposant de nouvelles analyses et recherches pour progresser en matière de soins et de prise en charge (Anderson et Oderkirk, 2015[4] ; OCDE, 2015[2] ; Di Iorio, Carinci et Oderkirk, 2013[5] ; Oderkirk, Ronchi et Klazinga, 2013[6]).

Élaboration de la Recommandation de l'OCDE sur la gouvernance des données de santé

Les travaux de l'OCDE visant à promouvoir le renforcement de l'infrastructure et de la gouvernance des données de santé et à protéger la vie privée ainsi que la sécurité des données ont abouti à la Recommandation de l'OCDE sur la gouvernance des données de santé [OECD/LEGAL/0433] (ci-après la « Recommandation »), qui contient des orientations pour définir des cadres nationaux de gouvernance capables à la fois de protéger les données personnelles de santé et de les utiliser pour atteindre les objectifs de l'action publique.

Les études présentées dans la section précédente ont initié l'élaboration de la Recommandation, qui a été établie conjointement par le Comité de la politique de l'économie numérique (CPEN) et le Comité de la santé en consultation avec leurs organes subsidiaires compétents respectifs, l'ancien Groupe de travail sur la sécurité et la vie privée dans l'économie numérique (GTSVPEN) (rebaptisé en 2019 le Groupe de travail sur la gouvernance des données et la vie privée) et l'ancien Groupe d'experts sur les indicateurs de qualité des soins de santé (HCQI).

Dans le cadre de l'élaboration de la Recommandation, des experts ont également été consultés dans les domaines de la protection de la vie privée, du droit, de l'éthique, de la santé, des politiques publiques, de la recherche, des statistiques et des technologies de l'information, et de vastes consultations ont été organisées avec la société civile (Comité consultatif de la société civile sur la société de l'information, CSISAC) et les acteurs économiques et industriels (Comité consultatif économique et industriel, BIAC). La Recommandation a été adoptée par le Conseil de l'OCDE le 13 décembre 2016 [C(2016)176] et a été saluée par les ministres de la Santé de l'OCDE lors de leur réunion tenue à Paris le 17 janvier 2017 (OCDE, 2019[7] ; OCDE, 2017[8]).

Elle s'applique à l'accès aux données personnelles de santé et à leur traitement au bénéfice de la santé publique, par exemple améliorer la qualité, la sécurité et la réactivité des soins de santé, réduire les risques de santé publique, découvrir et évaluer des outils de diagnostic et des traitements novateurs afin de consolider les résultats sur le plan sanitaire, gérer efficacement les ressources de santé, contribuer au progrès scientifique et médical, renforcer la planification et l'évaluation des politiques publiques et améliorer le vécu des patients ainsi que leur implication dans leur parcours de soins.

La Recommandation recommande que les gouvernements définissent et appliquent un cadre national de gouvernance des données de santé afin d'encourager la mise à disposition et l'utilisation des données personnelles de santé au bénéfice de la santé publique tout en favorisant la protection de la vie privée et des données personnelles de santé et la sécurité des données.

Les cadres nationaux de gouvernance des données de santé devraient reposer sur les principes suivants :

- l'implication et la participation des parties prenantes eu égard à l'élaboration d'un cadre national de gouvernance des données de santé ;
- la coordination au sein de l'administration et la coopération entre les organisations qui traitent les données médicales personnelles afin d'encourager des politiques et des normes communes en matière de données ;
- des examens de la capacité des systèmes de données de santé du secteur public à servir et défendre l'intérêt général ;
- la communication claire d'informations aux individus sur le traitement de leurs données personnelles de santé, y compris la notification de toute violation ou utilisation abusive de leurs données ;
- le traitement des données personnelles de santé avec le consentement éclairé des personnes et des solutions alternatives appropriées ;
- la mise en œuvre de procédures d'examen et d'approbation pour le traitement des données personnelles de santé à des fins de recherche et de santé publique ;
- la transparence par le biais de l'information du public sur les finalités du traitement des données personnelles de santé et les critères d'approbation ;
- l'optimisation du développement et de l'utilisation des technologies pour le traitement et la protection des données ;
- la mise en place de mécanismes de suivi et d'évaluation de l'impact du cadre national de gouvernance des données de santé, notamment la mise à disposition des données de santé, les politiques et les pratiques de gestion de la confidentialité, la protection des données personnelles de santé et les risques d'atteinte à la sécurité numérique ;
- la formation et le développement des compétences des sous-traitants des données de santé ;
- la mise en œuvre de contrôles et de garanties au sein des organisations qui traitent les données personnelles de santé, notamment des mesures technologiques, physiques et organisationnelles visant à protéger la vie privée et la sécurité numérique ; et

- l'obligation pour les organisations qui traitent les données personnelles de santé de prouver qu'elles satisfont aux critères énoncés dans le cadre national de gouvernance des données de santé.

Ces 12 principes définissent les paramètres à prendre en compte pour mieux harmoniser à l'échelle internationale les cadres de gouvernance des données de santé des Adhérents, afin qu'un plus grand nombre de pays puisse utiliser les données de santé à des fins de recherche, de statistique et d'amélioration de la qualité des soins.

La Recommandation préconise également que les Adhérents facilitent la coopération internationale en matière de traitement des données de santé au bénéfice de la santé publique. Elle recommande en outre que les Adhérents engagent un dialogue avec les experts et les organisations concernés pour mettre au point des mécanismes propices à l'échange et à l'interopérabilité efficaces des données de santé.

Enfin, elle encourage les organisations non gouvernementales à suivre la Recommandation lorsqu'elles traitent des données personnelles de santé au bénéfice de la santé publique et invite les non-Adhérents à prendre en compte la Recommandation et à y adhérer. Au moment de l'achèvement du présent rapport, aucun pays non membre n'avait adhéré à la Recommandation.

La Recommandation charge le Comité de la santé, en coopération avec le Comité de la politique de l'économie numérique, d'offrir un espace d'échange d'informations sur les progrès accomplis et l'expérience acquise dans la mise en œuvre de l'instrument ; d'assurer un suivi de la mise en œuvre de la présente Recommandation et de faire rapport au Conseil dans les cinq ans suivant son adoption. Le présent rapport vise à appliquer les instructions du Conseil.

Méthodologie

Afin de suivre la mise en œuvre, la diffusion et le maintien de la pertinence de la Recommandation, le Groupe de travail sur la qualité et les résultats des soins de santé a réalisé trois enquêtes : l'Enquête 2019-20 sur l'utilisation et la gouvernance des données de santé, l'Enquête 2021 sur l'élaboration, l'utilisation et la gouvernance des systèmes de dossiers médicaux électroniques, et l'Enquête 2021 sur l'évolution des données de santé et de leur gouvernance pendant la pandémie de COVID-19.

L'enquête de 2019-20 sur le développement, l'utilisation et la gouvernance des données de santé a évalué certains éléments de la gouvernance des données de santé à l'échelle nationale, notamment la mise en place de cadres nationaux dédiés et de réglementations et mesures y relatives. L'enquête a notamment consisté en un examen détaillé du développement, de la qualité, de l'accessibilité, du partage et de la sécurité des données et des règles de protection de la confidentialité chez les dépositaires de 13 principaux ensembles de données nationales de santé. Les délégués du Groupe de travail HCQO, qui sont des fonctionnaires des ministères de la santé ou d'autorités nationales chargées des données de santé, ont coordonné les réponses au questionnaire dans chacun de leurs pays respectifs.[1] Ce travail de coordination a été plus difficile dans les pays dotés de systèmes de santé décentralisés. Par exemple, aux États-Unis, ce sont divers services du ministère de la Santé et des Services sociaux (HHS), ainsi que le National Center for Health Statistics (NCHS), qui ont répondu au questionnaire en fonction de leurs portefeuilles ; il se peut en conséquence que les réponses ne reflètent pas la gouvernance des données de santé dans son ensemble au sein du système de santé des États-Unis. Vingt-deux Adhérents ont participé à l'enquête 2019-20 : l'Australie, l'Autriche, la Belgique, le Canada, la République tchèque, le Danemark, l'Allemagne, l'Estonie, la Finlande, la France, l'Irlande, Israël, le Japon, la Corée, la Lettonie, le Luxembourg, les Pays-Bas, la Norvège, la Slovénie, la Suède, le Royaume-Uni (l'Écosse) et les États-Unis. En outre, Singapour, qui participe aux travaux du Groupe de travail HCQO et du CPEN, a répondu à cette enquête sans avoir la qualité d'Adhérent.

L'ensemble des répondants a répondu à l'enquête 2019-20 de l'OCDE avant le début de la pandémie de COVID-19 début 2020. En raison de la pandémie, ils ont tous progressé dans le domaine des données de santé afin de développer le suivi et la gestion de la pandémie de COVID-19. En juillet 2021, l'OCDE a mené une enquête sur l'évolution des données de santé et de leur gouvernance pendant la pandémie de COVID-19. Cette enquête a examiné la situation en ce qui concerne la disponibilité des données de santé, leur actualité, leur accessibilité et leur partage, ainsi que la nécessité d'améliorer et d'harmoniser les approches de la gouvernance des données de santé adoptées depuis mars 2020, et les avantages qu'elles présentent. Les délégués du Groupe de travail HCQO étaient chargés de coordonner les réponses au questionnaire dans leurs pays respectifs. Vingt-et-un Adhérents ont répondu à cette enquête de 2021 sur le COVID-19, notamment l'Australie, l'Autriche, la Belgique, le Costa Rica, la République tchèque, l'Italie, le Japon, la Corée, la Lettonie, la Lituanie, le Luxembourg, les Pays-Bas,bla Norvège, la Pologne, le Portugal, la Slovénie, l'Espagne, la Suède, la Turquie, le Royaume-Uni et les États-Unis.

L'OCDE a également mené en février 2021 une *enquête sur l'élaboration, l'utilisation et la gouvernance des systèmes de dossiers médicaux électroniques*. Les systèmes de dossiers médicaux électroniques ont fait l'objet d'une enquête distincte parce qu'ils constituent une source de données très pertinente et relativement nouvelle sur les parcours de soins des patients et qu'ils sont souvent gérés par des ministères ou organismes nationaux qui sont différents des entités responsables des données nationales de santé. Cette enquête de 2021, qui faisait suite à une précédente enquête de 2016 sur le même sujet, a évalué la gouvernance des données cliniques au sein des systèmes de dossiers médicaux électroniques et les capacités techniques et opérationnelles disponibles pour utiliser les dossiers cliniques électroniques à des fins de statistique et de recherche. Les délégués du Groupe de travail HCQO étaient chargés de coordonner les réponses au questionnaire dans leurs pays respectifs. Les répondants à l'enquête de 2021 sur les dossiers médicaux électroniques étaient des fonctionnaires des ministères de la Santé ou d'autorités nationales responsables des systèmes de dossiers médicaux électroniques. Vingt-six Adhérents ont participé à cette enquête de 2021 : l'Australie, la Belgique, le Canada, le Costa Rica, la République tchèque, le Danemark, l'Estonie, la Finlande, l'Allemagne, la Hongrie, l'Islande, Israël, l'Italie, le Japon, la Corée, la Lituanie, le Luxembourg, le Mexique, les Pays-Bas, la Norvège, le Portugal, la Slovénie, la Suède, la Suisse, la Turquie et les États-Unis. En outre, la Fédération de Russie, qui participe aux travaux du Groupe de travail HCQO et du CPEN, a répondu à cette enquête sans avoir la qualité d'Adhérent.

2 Processus

Lors de la réunion du Comité de la santé en décembre 2017, les délégués ont examiné les principales activités prévues pour élaborer le Rapport au Conseil sur la mise en œuvre, la diffusion et le maintien de la pertinence de la Recommandation [COM/DELSA/DSTI(2017)1/REV1] et sont convenus d'un plan qui comprenait l'Enquête 2019-20 du Groupe de travail HCQO sur l'utilisation et la gouvernance des données de santé, suivie de l'Enquête 2021 du même groupe de travail sur l'élaboration, l'utilisation et la gouvernance des systèmes de dossiers médicaux électroniques. La dernière étape proposée consistait à mener des entretiens en 2021 avec les responsables nationaux de la gouvernance des données de santé, eu égard à l'avancement des travaux de mise en œuvre. Cette étape a ensuite été remplacée par une enquête complémentaire sur l'évolution des données et des cadres de gouvernance à la suite de la pandémie mondiale de COVID-19.

Dans le cadre de ce plan, le Comité de la politique de l'économie numérique (CPEN) a enrichi le rapport en fournissant des informations sur l'avancement des travaux et les éléments nouveaux dans le domaine de la protection de la vie privée et de la sécurité des données à caractère personnel, et sur les stratégies nationales en matière de données qui sont utiles pour progresser en continu dans le domaine de la gouvernance des données de santé.

Les délégués du Groupe de travail HCQO ont examiné la proposition de projet de questionnaire pour l'Enquête 2019-20 sur l'utilisation et la gouvernance des données de santé à leur réunion des 8 et 9 novembre 2018 [DELSA/HEA/HCQ(2018)9]. Ils se sont également réunis en petits groupes pour étudier les opportunités et les défis du développement à l'échelle nationale de l'infrastructure et de la gouvernance des données de santé.

Les premiers résultats de l'Enquête sur l'utilisation et la gouvernance des données de santé ont été présentés à la réunion du Comité de la santé en décembre 2019 [DELSA/HEA(2019)18]. Ces premières conclusions ont mis en évidence les atouts, les points faibles et les difficultés du processus de mise en œuvre de la Recommandation et ont encouragé les Adhérents qui n'avaient pas participé à l'enquête à le faire pendant l'hiver 2020.

Les premiers résultats de l'enquête 2019-20 ont été examinés lors de la réunion de mai 2020 du Groupe de travail HCQO, et les délégués ont étudié les effets de la pandémie de COVID-19 sur le développement de l'infrastructure et de la gouvernance des données de santé [DELSA/HEA/HCQ(2020)1]. Les délégués ont analysé les changements intervenus au niveau de la mise à disposition et de la gouvernance des données de santé qui ont permis d'améliorer l'actualité, la disponibilité et le partage des données à la fois pour gérer la pandémie et pour mener des recherches sur les mesures d'atténuation et la prise en charge.

Le Comité de la santé et le CPEN ont recueilli des informations sur les progrès accomplis et les difficultés rencontrées dans la mise en œuvre des cadres de gouvernance des données de santé lors d'un atelier international sur le thème *Innover en santé à l'aide de méthodes de traitement de l'information équitables*, qui a été organisé en collaboration avec le ministère israélien de la Santé et l'ITPI (Israel Technology Policy Institute) les 19 et 20 janvier 2021. Les principales conclusions de cet atelier ont été publiées (Magazanik, 2022[9]).

Le Groupe de travail sur la gouvernance des données et la vie privée dans l'économie numérique (GTGDVP), avec le soutien de l'Assemblée mondiale pour la protection de la vie privée (Global Privacy

Assembly, GPA),[2] a organisé trois ateliers afin d'examiner comment les pouvoirs publics ont relevé les défis inhérents à la gouvernance des données et à la protection de la vie privée dans le cadre de la lutte contre la pandémie de COVID-19. Les problèmes qui se sont posés pendant la crise du COVID-19 étaient directement liés à l'infrastructure et la gouvernance de base des données de santé. Le premier atelier, qui s'est tenu en avril 2020, a porté sur les mesures exceptionnelles de surveillance et de traçage des contacts adoptées par les pays et sur les incertitudes juridiques qui en découlent quant aux processus de collecte, d'analyse, d'anonymisation efficace et de partage des données à caractère personnel. Les ateliers de septembre 2020 et juin 2021 ont porté sur les enseignements tirés par les gouvernements et sur certains problèmes de protection et de confidentialité de données soulevés, notamment, par les programmes de vaccination et les autorisations de déplacement/de voyage dans le contexte du COVID-19. Les principales conclusions de ces ateliers seront publiées sous la forme d'un rapport OCDE au T4 2021 [DSTI/CDEP/DGP(2021)12].

À la suite des examens finaux du Comité de la santé et du Groupe de travail HCQO, les conclusions de l'Enquête 2019-20 ont été publiées en avril 2021 (Oderkirk, 2021[10]). L'enquête sur l'élaboration, l'utilisation et la gouvernance des systèmes de dossiers médicaux électroniques a été lancée en mars 2021 et remplie par tous les répondants en août 2021. Les résultats de cette enquête seront publiés dans un rapport de l'OCDE au T2 de 2022.

La brève enquête du Groupe de travail HCQO sur l'évolution des données de santé et de leur gouvernance depuis la pandémie de COVID-19 a été lancée en juin 2021 et les résultats présentés à la réunion conjointe (T4) des groupes de travail sur la qualité et les résultats des soins de santé et sur les statistiques de la santé, avant d'être intégrés dans le présent rapport en octobre 2021.

Compte tenu de l'ensemble des résultats des enquêtes et outils susmentionnés, un projet de rapport a été élaboré :

- **L'avant-projet de rapport** a été examiné à la réunion conjointe des groupes de travail sur la qualité et les résultats des soins de santé et sur les statistiques de la santé le 5 octobre 2021.

- Une **deuxième version du projet de rapport** a été examinée par le GTGDVP à sa réunion du 22 novembre 2021, par le CPEN à sa réunion du 1er décembre 2021 et par le Comité de la santé à sa réunion du 2 décembre 2021.

- A la suite de ces discussions, les commentaires écrits envoyés par les délégations ont été intégrés à la **troisième version du projet de rapport**, lequel a été approuvé par le Comité de la santé selon la procédure écrite le 15 janvier 2022 [COM/DELSA/DSTI(2021)1/REV2].

- Après approbation, le rapport a fait l'objet de modifications mineures qu'un Membre a demandé d'apporter à la description de la situation de son pays Le Comité de la santé a été informé de ces modifications avant leur transmission au Conseil [COM/DELSA/DSTI(2021)1/FINAL].

Le Conseil de l'OCDE a pris note du rapport et a procédé à sa déclassification lors de sa réunion du 23 février 2022. Un lien vers le rapport approuvé a été ajouté à la page web publique de la Recommandation dans le Recueil en ligne des instruments juridiques de l'OCDE. En outre, afin d'appuyer la mise en œuvre et la diffusion de la Recommandation, une boîte à outils sur la gouvernance des données de santé sera mise au point à l'aide des éléments clés du rapport et sera diffusée dans le cadre de la série de boîtes à outils du projet « Vers le numérique ». Certains aspects du présent rapport viendront également alimenter en 2022 les rapports de la phase III du projet « Vers le numérique » sur la gouvernance des données (avec pour thèmes : des réponses et une reprise tangibles après la pandémie de COVID-19 ; la bonne gestion des données, leur accès et leur contrôle), ainsi que le rapport final de ce projet horizontal sur la gouvernance des données. Les conclusions du rapport viendront également enrichir les travaux futurs du Comité de la santé à l'appui d'une plus grande résilience des systèmes de santé aux crises de santé publique, ainsi que des travaux complémentaires dans les années à venir pour aider les Membres à consolider leurs systèmes d'information sur la santé et la gouvernance des données de santé.

3 Diffusion

Dans la Recommandation, le Conseil invite le Secrétaire général et les Adhérents (à tous les niveaux de gouvernement), à œuvrer à la diffusion de cet instrument.

Les ministres de la Santé des pays de l'OCDE ont accueilli la Recommandation avec satisfaction à leur réunion du 17 janvier 2017, à Paris, et appelé en parallèle l'OCDE à entreprendre de nouveaux travaux pour aider les pays membres et les pays partenaires à poursuivre le renforcement de leurs capacités dans ce domaine important (OCDE, 2017[8]). Le Secrétariat s'est employé à faire connaître au public la Recommandation sur la gouvernance des données de santé au premier trimestre 2017, par l'intermédiaire de la lettre d'information du Comité de la santé et de la page Web de ce dernier dédiée à la gouvernance des données de santé, ainsi que par un article publié dans l'Observateur de l'OCDE (Oderkirk, 2018[11]).

Les ministres de la Santé ont lancé le projet Systèmes de santé fondés sur la connaissance, en 2017, pour aider les pays à adapter leur système de santé à une gestion efficiente et efficace de la masse de données cliniques, administratives et autres générée quotidiennement, afin que celle-ci puisse être exploitée dans une optique d'amélioration de la performance du système. Ce projet a consisté à étudier les solutions qui s'offraient aux pays pour assurer la gouvernance des données de santé dans l'optique de pouvoir ensuite en extraire des connaissances utiles et exploiter ces connaissances pour amener des changements positifs dans les systèmes de santé.

L'importance de mettre en œuvre la Recommandation a été soulignée dans les messages clés et principales conclusions du projet, que le Comité de la santé a examinés à sa réunion de juin 2019 [DELSA/HEA(2019)12]. Les conclusions du projet ont été publiées dans un rapport présenté officiellement lors d'une réunion de haut niveau organisée par l'OCDE et le gouvernement danois, qui s'est tenue le 21 novembre 2019 à Copenhague (OCDE, 2019[12]). Lors de cette réunion, intitulée *Health in the 21st Century: Data, Policy and Digital Technology*, les ministres de la Santé et de hauts fonctionnaires ont pu confronter leurs points de vue au sujet du cadre politique et institutionnel nécessaire pour extraire les connaissances recelées par les données de santé électroniques et alimenter les systèmes de santé du XXIe siècle.

Les principales conclusions du projet et l'appel en faveur de la gouvernance des données de santé ont été publiés dans un chapitre du *Handbook on Global Health*, publié par l'OMS et Springer (Colombo, 2020[13]). L'OCDE avait de son côté fait paraître un fascicule avec le texte de la Recommandation au printemps 2019 (OCDE, 2019[7]).

La diffusion de la Recommandation au secteur privé et dans les milieux universitaires a été favorisée par la publication d'articles dans des revues spécialisées et celle de rapports touchant à différentes thématiques, dont la nécessité de s'appuyer sur des éléments concrets pour le développement et l'évaluation des produits pharmaceutiques (Eichler, 2019[14]), celle de soumettre à une évaluation systématique la gouvernance des données de santé (Di Iorio, 2019[15]), les bases de l'intelligence artificielle dans le domaine de la santé (Oliveira Hashiguchi, Slawomirski et Oderkirk, 2021[16]) et les promesses et enjeux des technologies fondées sur la chaîne de blocs dans celui des soins (OCDE, 2020[17]).

Le Comité de la santé et le CPEN ont diffusé la Recommandation et recueilli des informations complémentaires sur les progrès accomplis et les difficultés rencontrées dans la mise en œuvre des cadres de gouvernance des données de santé à la faveur d'un atelier international sur le thème de *l'innovation dans le domaine de la santé à l'aide de méthodes de traitement de l'information équitables*, qui a été organisé en collaboration avec le ministère israélien de la Santé et l'ITPI (*Israel Technology Policy Institute*) les 19 et 20 janvier 2021. Les principales conclusions et le compte-rendu de cet atelier ont été publiés (Magazanik, 2022[9]).

Au cours de cet atelier, il a été plus particulièrement question des thèmes ci-après :

- Les grandes réformes de la gouvernance des données sur la santé que certains pays ont mises en œuvre dernièrement à travers notamment la prise de dispositions juridiques et opérationnelles pour renforcer cette gouvernance.
- Les précautions à prendre en ce qui concerne le partage des données de santé afin d'encourager l'innovation tout en protégeant la vie privée des individus, et en particulier les évaluations éthiques, la désidentification des données, les garde-fous d'ordre administratif, technique et contractuel, et la protection des flux de données internationaux.
- La protection de la confidentialité dès la conception des systèmes et les solutions de pointe permettant de mettre les données numériques de santé à l'abri des consultations et utilisations non autorisées.
- Le point de vue des individus et des collectivités sur leurs droits et intérêts, ainsi que ceux des sociétés, en ce qui concerne la protection des données et la santé, avec une discussion au sujet du consentement et des autres cadres juridiques envisageables dans le cas de la réutilisation des données des patients à des fins de recherche.

L'OCDE a publié un document de travail intitulé *Résultats de l'enquête : Infrastructure et gouvernance des données de santé au niveau national* en avril 2021 (Oderkirk, 2021[10]), et les observations qu'elle y fait sur le partage des données de santé ont donné lieu à la création d'un indicateur interactif sur la confiance dans la Boîte à outils sur la transformation numérique (OCDE, 2021[18]). Les résultats comparatifs ont aidé les pays à apprécier leurs propres progrès.

L'OCDE est d'autre part venue en aide à ses Membres confrontés aux problèmes de confidentialité et de sécurité qui ont fait leur apparition pendant la pandémie du fait de l'afflux de données de santé (nombre de cas, hospitalisations, décès, ressources disponibles, voyages et déplacement internationaux, vaccination) et des formes nouvelles prises par ces données (applications, certificats numériques de vaccination). Pour ce faire, elle a notamment publié au printemps 2020 des synthèses portant sur différents aspects clés, dont Ensuring Data Privacy as we Battle COVID-19 ; Beyond Containment: Health System Responses to COVID-19 in the OECD et *Suivi et traçage du COVID-19 : Protéger la vie privée et les données lors de l'utilisation d'applications et de la biométrie* (OCDE, 2020[19]).

La pandémie a accentué le besoin de faire émerger un plus vaste consensus entre les pays au sujet des cadres de gouvernance des données, et l'OCDE a eu l'occasion de parler de la Recommandation et de la faire connaître à d'autres organisations internationales s'attachant à définir des principes, recommandations ou lignes directrices connexes.

Les ministres de la Santé des pays du G7, lorsqu'ils se sont réunis en juin 2021, se sont intéressés plus particulièrement à la collaboration internationale dans le domaine des données de la santé. En amont de cette réunion, l'OCDE a communiqué des informations sur la Recommandation, ainsi que les résultats d'enquêtes conduites par ses soins, pour éclairer les discussions des ministres. L'OCDE a pris part au Sommet mondial sur la gouvernance des données de santé, organisé par l'Organisation mondiale de la santé (OMS) en juin 2021, qui a été l'occasion de dévoiler les projets établis pour faire émerger un consensus entre les pays au sujet des données de santé en tant que bien public. L'OCDE a pris part aux réunions du Projet de collaboration sur les données sanitaires, qui réunit l'OMS et différents pays autour de la définition de normes mondialement acceptées propres à garantir l'interopérabilité des données de santé. L'OCDE a également prêté son concours aux travaux du Groupe de travail du G20 sur la santé numérique, en 2020, et contribué à la rédaction de son rapport intitulé : *Report on Digital Health*

Implementation Approach to Pandemic Management. Elle a parlé de la Recommandation avec I-DAIR, nouvelle enceinte internationale de collaboration dédiée à la recherche dans le domaine de la santé numérique et de l'intelligence artificielle, ainsi qu'avec *The Lancet and Financial Times Commission* (Health Futures 2030). Elle a en outre évoqué la Recommandation avec des groupes et associations liés au monde de la santé, au secteur privé, à l'action des pouvoirs publics et aux normes applicables aux données, dans le cadre de réunions et d'ateliers formels et d'échanges bilatéraux.

Les inquiétudes et difficultés causées aux pays par la gestion de la pandémie de COVID-19 ont conduit l'OCDE à lancer une nouvelle série d'examens par pays, sur les systèmes d'information sur la santé, en janvier 2021, après une première discussion sur le sujet à la réunion du Groupe de travail HCQO d'octobre 2020 [DELSA/HEA/HCQ/HS(2020)2]. Dans cette série d'examens par pays, la Recommandation fournit le cadre conceptuel employé pour apprécier la performance des pays étudiés et sous-tend les réformes opérationnelles, politiques et réglementaires que l'OCDE leur préconise de mettre en œuvre.

Quelques exemples d'activité de diffusion aux Adhérents :

- Le ministère de la Santé, de la Protection sociale et des Sports des Pays-Bas a demandé à l'OCDE de procéder à un examen de son système d'information sur la santé en janvier 2021 et de lui formuler des recommandations provisoires en avril 2021 afin qu'un nouveau gouvernement puisse envisager de les intégrer à son programme. L'objet de cet examen est de réunir les éléments qui permettront de faire des préconisations éclairées quant aux réformes juridiques, politiques et opérationnelles à introduire pour créer un Système national d'information sur la santé qui serve les objectifs de prestation intégrée des soins, de suivi et de gestion intégrés de la santé publique, d'exploitation des dernières innovations et d'encouragement de la recherche-développement de nouvelles technologies et de nouveaux traitements. (OCDE, 2022[20])

- Le ministère de la Santé et de la Protection sociale de la Corée a demandé à l'OCDE de procéder à un examen de son système d'information sur la santé en juin 2021. L'objet de cet examen sera de définir la structure de gestion de l'information nécessaire pour accroître la performance du système de santé grâce à l'élaboration de données permettant de mesurer, améliorer et encourager l'efficience, l'efficacité et l'équité dans le domaine des soins.

Les travaux entrepris en vue de l'élaboration du rapport et le rapport approuvé lui-même seront diffusés par la suite dans le cadre de la Phase III (2021-22) du projet « Vers le numérique » de l'OCDE, qui a pour thème principal la gouvernance des données. Le module 1 de ce projet, notamment, rendra compte de la bonne gestion des données, de l'accès aux données, du partage et du contrôle dans différents secteurs de l'économie, y compris le secteur de la santé. Le projet dans son ensemble diffusera des exemples de bonnes pratiques à imiter ainsi que des recommandations à suivre en vue de la mise en œuvre de réformes destinées à améliorer la gouvernance des données.

Avec le soutien de l'Assemblée mondiale pour la protection de la vie privée (*Global Privacy Assembly*, GPA), le Groupe de travail sur la gouvernance des données et la vie privée dans l'économie numérique (GTGDVP) a organisé trois ateliers afin d'examiner comment les pouvoirs publics ont relevé les défis inhérents à la gouvernance des données et à la protection de la vie privée dans le cadre de la lutte contre la pandémie de COVID-19. Ces défis avaient un rapport direct avec l'infrastructure et les cadres de gouvernance des données de santé mis en place par les pays. Le premier atelier, qui s'est tenu en avril 2020, a porté sur les mesures exceptionnelles de surveillance et de traçage des cas contacts adoptées par les pays et sur les incertitudes juridiques qui en découlent quant aux processus de collecte, d'analyse, d'anonymisation efficace et de partage des données à caractère personnel. Les ateliers de septembre 2020 et juin 2021 ont porté sur les enseignements tirés par les gouvernements et sur certains problèmes de protection et de confidentialité de données soulevés, notamment, par les programmes de vaccination et les autorisations de déplacement/de voyage dans le contexte du COVID-19. Les principales conclusions de ces ateliers ont été publiées sous la forme d'un rapport OCDE [DSTI/CDEP/DGP(2021)12].

4 Mise en œuvre

La Recommandation s'articule en trois grands piliers. Elle appelle les Adhérents à :

- Mettre en place des cadres de gouvernance des données nationales sur la santé, en suivant les 12 principes énoncés à ces fins par la Recommandation ;
- Soutenir la coopération internationale en matière de traitement des données de santé au bénéfice de la santé publique ; et
- Collaborer avec des experts et des organismes compétents pour développer des mécanismes permettant l'échange et l'interopérabilité des données de santé.

En reconnaissant le rôle des organismes non-gouvernementaux, la Recommandation les encourage à suivre son contenu dans le cadre du traitement de données personnelles de santé à des fins sanitaires répondant à l'intérêt général. Enfin, dans un souci d'équité, elle invite les non-Adhérents à prendre en compte la présente Recommandation et à y adhérer. À ce jour, aucun Adhérent non-membre, mais deux pays non-membres de l'OCDE (Singapour et la Fédération de Russie) ont répondu à certaines des enquêtes réalisées pour alimenter le Rapport.

Ce chapitre fait état de la progression de la mise en place par les Adhérents de chaque disposition de la Recommandation.

Première recommandation : un cadre national de gouvernance des données de santé

La Recommandation préconise que les gouvernements définissent et appliquent un cadre national de gouvernance des données de santé afin d'encourager la mise à disposition et l'utilisation des données médicales personnelles au bénéfice de la santé publique tout en favorisant la protection de la vie privée et des données médicales personnelleset la sécurité des données. Un cadre national de gouvernance des données de santé peut encourager la disponibilité et l'utilisation des données personnelles de santé à des fins sanitaires servant l'intérêt général tout en favorisant la protection de la vie privée, des données personnelles de santé et de la sécurité des données. La Recommandation définit des éléments clés pour le développement et la mise en place de cadres pour la gouvernance des données nationales sur la santé. Les éléments encouragent une meilleure harmonisation des cadres de gouvernance des données entre les différents pays, afin qu'un plus grand nombre de pays puissent recourir aux données de santé pour la recherche, les statistiques et l'amélioration de la qualité des soins de santé.

L'enquête 2019/20 sur la Gouvernance et les données de santé a mesuré la mise en œuvre des cadres de gouvernance des données nationales sur la santé ainsi que des réglementations et politiques connexes. Les 23 répondants à l'enquête 2019/20 étaient des fonctionnaires issus des ministères de la Santé ou des autorités nationales chargées des données de santé.

Un cadre national de gouvernance des données de santé peut encourager la disponibilité et l'utilisation des données personnelles de santé à des fins sanitaires servant l'intérêt général tout en favorisant la protection de la vie privée, des données personnelles de santé et de la sécurité des données. Dans l'ensemble, 17 pays sur 23 ont indiqué qu'un cadre national de gouvernance des données de santé est établi ou en cours d'établissement (Tableau 4.1).

La plupart des pays ont déclaré que les données de santé relevaient d'une législation nationale sur la confidentialité des données de santé ; les autres données utilisées dans les études sur la santé relevant d'une législation nationale sur la protection de la vie privée ; et certains ensembles de données de santé ou programmes relatifs aux données de santé relevant d'autres législations régissant les ministères, les collectes ou les registres de données. Certains pays appliquent une législation différente à chaque niveau d'administration. Dans l'ensemble, 21 pays sur 23 ont signalé l'existence d'une loi ou d'une réglementation nationale relative à la protection de la confidentialité des informations médicales et/ou à la protection et à l'utilisation des dossiers cliniques électroniques.

Les États membres de l'Union européenne (UE) mettent en œuvre le Règlement général sur la protection des données (RGPD) [Règlement (UE) 2016/679 du Parlement européen et du Conseil du 27 avril 2016]. Le RGPD place les données personnelles de santé dans une catégorie spéciale soumise aux normes de protection les plus élevées. La conformité exige une excellente organisation et la portabilité des données personnelles de santé. Par exemple, les organismes doivent disposer de systèmes de données leur permettant de respecter les droits des personnes à accéder à leurs propres données personnelles, à rectifier ou à limiter leur traitement et à demander la portabilité des données d'un organisme à l'autre : ils doivent également garantir que les données sont correctement classées et démontrer leur conformité au règlement. Outre les lois nationales sur la protection de la vie privée conformes au RGPD, la plupart des États membres de l'UE ont fait état d'autres législations nationales comportant des dispositions spécifiques à la protection des données de santé. Il s'agit notamment de lois relatives aux droits des patients, à la collecte et à la gestion des informations de santé, à la prestation de soins, aux organismes de soins de santé, aux systèmes de dossiers cliniques électroniques et à la recherche dans le domaine de la santé.

Tableau 4.1. Éléments de gouvernance des données nationales sur la santé

Pays	Un cadre national de gouvernance des données de santé est établi ou en cours d'établissement	Une consultation publique a eu lieu ou est prévue concernant les éléments du cadre national de gouvernance des données de santé	Il existe une loi ou une réglementation nationale sur la protection de la confidentialité des informations médicales et/ou sur la protection et l'utilisation des dossiers cliniques électroniques	Une autorité centrale chargée d'approuver les demandes de traitement des données personnelles de santé est établie ou prévue
Australie	Oui	Oui	Oui	Oui
Autriche	Oui	Oui	Oui	Oui
Belgique	Non	Non	Oui	Oui
Canada	Oui	Oui	Non	Non
Rép. tchèque	Oui	Oui	Oui	Non
Danemark	Oui	Non	Oui	Oui
Estonie	Non	Non	Oui	Oui
Finlande	Oui	Non	Oui	Oui
France	Oui	Non[1]	Oui	Oui
Allemagne	Oui	Non	Oui	Non
Irlande	Oui	Oui	Oui	Oui
Israël	Oui	Oui	Oui	Oui
Japon	Non	Non	Oui	Non
Corée	Oui	Oui	Oui	Oui
Lettonie	Oui	Oui	Oui	Oui
Luxembourg	Non	Oui	Oui	Oui
Pays-Bas	Oui	Oui	Oui	Oui
Norvège	n.c.	n.c.	Oui	Oui
Singapour (non-Adhérent)	Non	Oui	Oui	Non
Slovénie	Oui	Oui	Oui	Oui
Suède	Oui	Non	Oui	n.c.
Royaume-Uni (Écosse)	Oui	Oui	n.c.	Oui
États-Unis	Oui	Oui	Oui	Non
Total Oui	17	14	21	16

Note : n.c. : non communiqué.
1. La mission du Health Data Hub est d'élaborer une charte d'engagement auprès des citoyens et des patients, en collaboration avec des associations de patients.
Source : Oderkirk (2021[10]), « Résultats de l'enquête : Infrastructure et gouvernance des données de santé au niveau national », https://doi.org/10.1787/55d24b5d-en.

Six pays ont indiqué que leur cadre de gouvernance des données de santé est défini par la loi (l'Autriche, la République tchèque, le Danemark, la Finlande, la France et l'Allemagne). En Autriche, des éléments de gouvernance des données dans la législation régissent l'organisation des systèmes télématiques, de la documentation et de la recherche dans le domaine de la santé. En République tchèque, le Système national des informations de santé et sa gouvernance sont définis dans la *Loi sur les services de santé*. Le cadre finlandais de gouvernance des données de santé est établi dans la législation pour ce qui concerne la numérisation et la gestion des informations relatives aux clients et aux patients, ainsi que dans les règlementations et lignes directrices du ministère de la Santé (THL) (Encadré 4.1). En Allemagne, les obligations en matière de gouvernance des données de santé, y compris les obligations du RGPD, sont définies par les lois fédérales et celles des Länder.

Encadré 4.1. Finlande : FinData

Findata est légalement habilité à accompagner en Finlande l'utilisation secondaire des données sanitaires et sociales dans le cadre de projets d'intérêt général. Findata est la seule autorité pouvant délivrer des autorisations pour l'utilisation secondaire de données sanitaires et sociales lorsque les données sont compilées à partir de plus d'un dépositaire de données. Findata permet d'établir des liens sécurisés et d'accéder à des ensembles de données et à des registres financés par des fonds publics, notamment les banques de données de l'Institut finlandais de la santé et de la protection sociale (THL), de l'Institut d'assurances sociales de Finlande (Kela), du Centre finlandais du registre de la population, du Centre finlandais des pensions de retraite et du Centre des statistiques de Finlande. À partir de 2021, Findata s'étendra aux données du système national de dossiers médicaux électroniques (Kanta).

Findata est un système centralisé de délivrance d'autorisations et un guichet unique pour l'utilisation secondaire des données sanitaires et sociales en Finlande. Il accorde des autorisations d'utilisation des données lorsque celles-ci sont issues de plusieurs registres ou du secteur privé ; il collecte, couple et prépare les données ; il transmet les données dans un environnement informatique sécurisé pour les utilisateurs de données ; il propose des outils électroniques pour les demandes d'autorisation d'utilisation des données ; il offre un service d'assistance aux utilisateurs de données ; et il travaille en collaboration avec les responsables du traitement des données.

Findata n'est pas un dépôt de données permanent, mais une plateforme dans laquelle les données circulent. Findata a été fondée afin de rationaliser et sécuriser l'utilisation secondaire des données sanitaires et sociales, à quatre fins principales : 1) permettre l'accès aux données et leur traitement d'une manière efficace et sécurisée ; 2) renforcer la protection et la sécurité des données ; 3) supprimer les redondances administratives ; et 4) améliorer la qualité des données.

La *Loi sur l'utilisation secondaire des données sanitaires et sociales* (promulguée en mai 2019) donne à Findata l'autorité d'autoriser une utilisation secondaire pour la recherche en Finlande. Il convient de noter que cela est possible grâce au code d'identification personnel en vigueur en Finlande, qui reste inchangé tout au long de la vie d'un individu et constitue la clé pour relier les informations personnelles provenant de différents registres.

Par principe, les données sont toujours transmises à l'environnement opérationnel sécurisé de Findata. La Loi autorise néanmoins Findata à également communiquer les données dans un autre environnement, si cela est nécessaire aux fins de la recherche. Un audit sera réalisé sur ces autres environnements afin de vérifier qu'ils respectent la règlementation.

Source : Magazanik (2022[9]), Accompagner l'innovation dans le domaine de la santé grâce aux principes de pratiques équitables en matière d'information : Questions clés émergeant de l'atelier OCDE-Israël des19 et 20 janvier 2021.

En France, les principes de gouvernance des données sont définis dans la *Loi de la modernisation de notre système de santé* qui a uniformisé la gouvernance des données administratives de santé confiée à trois organismes, permis des couplages d'ensembles de données, et établi des principes et des procédures pour l'accès aux données. La *Loi de 2019 relative à l'organisation et à la transformation du système de santé* a élargi la définition du système national de données de santé pour y inclure d'autres ensembles de données et leurs dépositaires, et pour définir des principes de partage entre ces dépositaires. Un Health Data Hub définit les éléments de gouvernance des données partagées avec les parties prenantes. La plateforme Health Data Hub (HDH) a été lancée en 2019 afin de positionner la France comme un leader de l'Intelligence Artificielle dans le domaine de la santé et de surmonter les obstacles à la réutilisation des données de santé pour la recherche (Encadré 4.2).

Encadré 4.2. France : Health Data Hub

Le HDH est un groupement d'intérêt public, reconnu par la loi et financé par le gouvernement afin d'élargir le champ du Système national des données de santé (SNDS) à l'ensemble des bases de données existantes relatives aux activités de santé financées par l'État (à savoir, entrepôts de dossiers médicaux électroniques des hôpitaux, cohortes et registres). La conception du HDH s'appuie sur l'infrastructure du SNDS, qui regroupe les principales bases de données médico-administratives et de santé publique existantes en France, couvrant 99 % de la population. Le catalogue du HDH regroupe plusieurs bases de données pseudonymisées que le HDH est autorisé à mettre à disposition à des fins de recherche.

L'objectif principal du HDH est de soutenir la recherche et l'innovation dans le domaine de la santé et des soins de santé, en étant le point d'entrée unique des projets de recherche répondant à l'intérêt général qui nécessitent un accès à des micro-données de santé et des services de couplage de ces données, dans un cadre sécurisé et respectueux de la vie privée, tout en garantissant les droits des patients et la transparence avec la société civile. Le deuxième objectif était de concevoir une plateforme sécurisée à l'état de l'art, offrant des capacités de stockage, de calcul, d'atténuation des risques et d'analyse des données. Enfin, le troisième objectif était de créer un catalogue de données documenté construit de manière progressive pour mettre à disposition de la communauté scientifique les données prioritaires.

L'objectif de la réforme juridique qui a lancé le HDH est de permettre une meilleure visibilité au capital d'information commun à l'ensemble de l'écosystème et d'harmoniser les règles d'accès aux données. L'accès aux données est réglementé et réalisé dans le respect des droits des personnes. Le traitement des données de santé en France n'est pas obligatoire dans le cadre de la plateforme technologique du HDH et il est toujours possible de mener des recherches dans le cadre d'autres partenariats. À ce jour, le HDH a lancé 27 projets pilotes, dont 9 sont liés au COVID-19, après que le HDH a reçu un mandat spécifique pour répondre aux projets liés au COVID-19.

Un accès permanent au HDH est accordé aux autorités de santé par décret du ministre français de la Santé. Les autres demandes de données pour la recherche sont soumises à l'« équipe d'accès » qui procède à une évaluation scientifique et éthique. Si la demande est estimée légitime, elle est transmise au Comité éthique et scientifique indépendant (CESREES). Le CESREES vérifie que l'objet de la recherche est pertinent et répond à l'intérêt général, que les données demandées correspondent à l'objectif de la recherche et que la méthodologie proposée est rigoureuse. S'il est validé, le projet est soumis à l'autorisation de l'autorité française de protection des données.

Le HDH consulte la société civile en réalisant des enquêtes et des consultations sur la relation que les citoyens ont avec les données de santé et sur leurs perceptions, leurs besoins et leurs attentes. Ces connaissances sont nécessaires pour orienter et adapter les communications publiques, ainsi que pour les évaluer et s'assurer de leur clarté. Le HDH contribue également à installer une « culture des données de santé » en fournissant des outils pédagogiques qui permettent aux citoyens de comprendre ce que sont les données, à quoi elles servent et à quels projets elles peuvent servir. (CNIL).

Source : Magazanik (2022[9]), Accompagner l'innovation dans le domaine de la santé grâce aux principes de pratiques équitables en matière d'information : Questions clés émergeant de l'atelier OCDE-Israël des19 et 20 janvier 2021.

Aux Pays-Bas, un Conseil national de l'information sur la santé travaille au développement et à la durabilité des données nationales de santé et comprend des organismes de santé et le ministère de la Santé. Le Conseil s'est fixé quatre objectifs en matière de développement des systèmes d'information : des données permettant de contrôler la sécurité des médicaments délivrés sur ordonnance ; l'accès des citoyens à leurs propres données médicales et la possibilité de coupler leurs propres données médicales et de santé ; la numérisation et l'échange de données entre les professionnels de la santé ; et que les données soient enregistrées une fois et réutilisées. Un sous-groupe du Conseil, la Communauté des experts en données, guide le Conseil sur l'utilisation secondaire des données de santé à des fins de statistiques, de recherche et de la politique de la santé et des soins. Plusieurs lois comprennent des règles rendant obligatoire la tenue d'un dossier médical afin que les patients aient un accéder numérique à leurs dossiers médicaux, et concernant la qualité du système. Une nouvelle loi-cadre adoptée par le Parlement en 2021 impose l'échange électronique des dossiers médicaux entre les prestataires de soins.

En Corée, le ministère de la Santé a établi un cadre de gouvernance des données de santé en 2018 et mis en place un Comité de délibération sur la politique de Big Data dans le domaine de la santé, qui est chargé du développement, de l'utilisation et de la mise en relation des ensembles de données. La Lettonie a élaboré en 2019 un cadre d'évaluation des performances du système de santé (comprenant des indicateurs de qualité des soins de santé, de sécurité des patients et d'efficience). Ce cadre définit des principes et des procédures en matière de fourniture et de couplage des données, de protection des données de santé et d'accès aux données à des fins de recherche.

Le ministère américain de la Santé et des Services sociaux a publié en 2020 une règle d'application (*Final Rule*) des dispositions de la loi *21st Century Cures Act* de 2016 visant à favoriser le partage et l'utilisation des dossiers médicaux électroniques de manière fluide et sécurisée (Encadré 4.3). La règle vise à accroître l'innovation et la concurrence en donnant aux patients et à leurs prestataires de soins un accès sécurisé aux données de santé, ouvrant ainsi un plus grand choix de soins et de traitements. Une disposition prévoit que les patients puissent accéder gratuitement par voie électronique à toutes leurs informations de santé électroniques (données structurées et non structurées), et dissuade de bloquer l'accès et l'échange de données autorisés. Elle invite le secteur des soins de santé à adopter des interfaces de programmation d'applications (API) normalisées pour permettre aux particuliers d'accéder facilement et en toute sécurité à des données cliniques électroniques structurées au moyen d'applications pour smartphones.

Le ministère de la Santé et des Services sociaux et le Bureau du coordinateur national des technologies de l'information pour la santé lancent un cadre d'échange de confiance et un accord commun (TEFCA) qui définit les principes et les conditions générales d'un accord commun pour permettre l'échange à l'échelle nationale de données de santé électroniques à travers des réseaux d'informations de santé disparates. Une fois en place, il permettra de garantir que les réseaux d'informations de santé, les prestataires de soins, les plans sanitaires, les particuliers et les autres parties prenantes puissent avoir un accès sécurisé à leurs données de santé électroniques au moment et à l'endroit ils le souhaitent.

Encadré 4.3. États-Unis : une nouvelle règle favorisant l'accès aux données

Aux États-Unis, chaque État gère ses propres programmes de déclaration de santé publique, et ces pratiques sont règlementées par le droit de chaque État. Chaque système hospitalier peut disposer de son propre réseau – qui peut inclure des milliers de systèmes payeurs. Cette fragmentation fait obstacle à l'accès des patients à leur dossier complet, ainsi qu'à la disponibilité des données de santé pour la recherche. Afin d'y remédier, le ministère américain de la Santé et des Services sociaux a publié en 2020 une règle d'application (*Final Rule*) des dispositions de la loi *21st Century Cures Act* de 2016 visant à favoriser le partage et l'utilisation des dossiers médicaux électroniques de manière fluide et sécurisée. La règle demande au secteur des soins de santé d'utiliser des interfaces de programmation d'applications (API) et d'adopter la norme *Fast Health care Interoperability Resources* (FHIR) du format HL7 pour l'échange de données de santé. Par ailleurs, un cadre d'échange de confiance et un accord commun (TEFCA) définit les principes et les conditions générales devant permettre l'échange à l'échelle nationale de données de santé électroniques à travers des réseaux d'informations de santé disparates.

La normalisation des sources de données est nécessaire pour que les données de santé puissent être échangées à travers l'ensemble des réseaux, et pas uniquement les réseaux principaux tels que Medicare. Le Bureau du coordinateur national pour les technologies de l'information de santé (ONC) a introduit une norme américaine d'interopérabilité des données de base, qui constituera la référence en matière de contenu et de vocabulaire pour les données de santé. Cette norme comprend de nouvelles classes de données et de nouveaux éléments de données, tels que la provenance, les notes cliniques, les signes vitaux pédiatriques, les adresses, les adresses électroniques et les numéros de téléphone. Ces données n'étaient pas universellement échangées auparavant, alors qu'elles sont essentielles pour la mise en correspondance des patients et l'identification des facteurs de risque. L'exploitation de ces données permet aux prestataires de soins de santé de disposer de meilleures informations démographiques afin d'évaluer les risques et les besoins des patients.

L'ONC dispose de plusieurs mécanismes permettant au public de participer et de contribuer à l'élaboration de ces normes d'interopérabilité des données, notamment un comité consultatif fédéral composé de représentants des soins de santé, de l'informatique de santé et des organisations de défense des patients. Il publie des propositions pour recueillir les commentaires du public et organise des séances d'écoute ciblées auprès de différents groupes. Enfin, s'agissant des aspects techniques, il travaille en étroite collaboration avec les organismes de normalisation, ce qui implique des contributions publiques et des processus de vote par consensus.

En règle générale, toutes les parties prenantes ne bénéficient pas d'un soutien financier pour investir dans ce domaine, mais les États bénéficient d'un certain soutien pour mettre en œuvre ces capacités dans leurs réseaux. Pour les prestataires de soins de santé, il existait auparavant un programme qui prévoyait des paiements incitatifs pour l'adoption d'un système de dossiers médicaux électroniques, mais aucun nouveau financement n'a été approuvé par le Congrès pour reconduire ce soutien. Toutefois, les systèmes hospitaliers qui sont payés dans le cadre du programme Medicare (national) sont tenus d'adopter et d'utiliser une technologie certifiée conforme à certaines normes et fonctionnalités. Il existe également un programme qui impose aux payeurs (les régimes qui gèrent Medicare et Medicaid) de créer des interfaces de programmation d'applications (API) afin que les données qu'ils détiennent soient également accessibles. Enfin, l'ONC demande aux développeurs de technologie de mettre cette technologie à la disposition de leurs clients par le biais d'un programme de certification.

Source : Magazanik (2022[9]), Accompagner l'innovation dans le domaine de la santé grâce aux principes de pratiques équitables en matière d'information : Questions clés émergeant de l'atelier OCDE-Israël des 19 et 20 janvier 2021.

En Australie, la responsabilité des ensembles de données nationales est répartie entre le gouvernement fédéral, les États et les territoires. Il existe à chaque niveau d'administration un éventail d'organismes en charge d'ensembles de données spécifiques, et il n'existe pas de cadre général de gouvernance des données de santé. Cependant, tous les pays ont signé l'accord national de réforme de la santé 2020-25, qui comprend une action visant à développer une approche nationale des dispositions, structures et processus de gouvernance des données, afin de faciliter la mise en place de mécanismes clairs et efficaces de partage et de développement des données de manière durable, ciblée et sûre. Il existe un cadre australien de gouvernance des données applicable aux données cliniques électroniques échangées dans le cadre du système My Health Record. Un projet de loi sur la disponibilité et la transparence des données a été présenté en 2020 afin de mettre en œuvre un système permettant d'autoriser et de réglementer l'accès aux données du gouvernement australien (Encadré 4.4).

Encadré 4.4. Australie : réforme de la disponibilité et de la transparence des données

Les différentes contraintes législatives au sein du Commonwealth, des États et des territoires, notamment en matière de confidentialité et d'utilisations autorisées des données, ont toujours rendu le partage des données plus complexe. Les obstacles au partage et à l'utilisation des données de manière efficace ne se limitent pas à la législation. Les problèmes techniques, de disponibilité et de qualité des données ont affecté l'application des données provenant de ressources nouvelles et bien établies pour répondre aux besoins du système de santé et aux différents besoins des utilisateurs de données du Commonwealth, des États et des Territoires.

En Australie, le Bureau du commissaire national aux données (ONDC) a été chargé d'élaborer un nouveau cadre de partage et de diffusion des données et de superviser l'intégrité des activités de partage et de diffusion des données des agences gouvernementales australiennes. L'ONDC a publié sa première orientation en 2019 - le Guide des meilleures pratiques pour l'application des principes de partage des données - qui fournit des orientations générales pour aider les agences à adopter les meilleures pratiques internationales en matière de partage des données.

Le gouvernement australien a présenté le Projet de loi 2020 sur la disponibilité et la transparence des données (*DAT Bill*) au Parlement du Commonwealth fin 2020. Une fois adopté, le projet de loi établira un nouveau système pour partager en toute sécurité les données du gouvernement australien. Pour soutenir la mise en œuvre du nouveau système de partage des données, l'ONDC met en place des services numériques (connus sous le nom de Dataplace) pour gérer : le processus d'accréditation dans le cadre du système ; la soumission des demandes de données aux dépositaires de données ; et la négociation, l'enregistrement et la gestion des accords de partage des données.

Il est prévu que Dataplace finisse par soutenir le partage des données du gouvernement australien à la fois dans le cadre du nouveau système de partage des données et par le biais d'autres mécanismes de partage des données.

L'ONDC se prépare également à mettre en œuvre un programme pilote d'inventaires de données afin de développer des inventaires de données individuels pour les agences du gouvernement australien en utilisant des normes communes, puis de regrouper ces inventaires dans un catalogue de données du gouvernement australien. Le projet pilote couvrira initialement environ 20 % des entités du gouvernement australien. Le projet pilote favorisera une plus grande transparence des données gouvernementales, facilitera le partage des données et aidera le gouvernement australien à réagir rapidement en cas d'urgence.

Un accord intergouvernemental sur le partage des données, approuvé par le Cabinet national le 9 juillet 2021, engage les gouvernements du Commonwealth, des États et des territoires à partager par défaut les données du secteur public (y compris les données de santé), lorsque cela peut être fait de manière

---

sûre, sécurisée, légale et éthique. L'accord fondé sur des principes reconnaît que les données sont un bien national commun et il a pour ambition de maximiser la valeur des données afin de proposer des politiques et des services exceptionnels aux Australiens. L'effort national sera également axé sur des domaines prioritaires de données nationales spécifiques et limités dans le temps, dans le cadre du programme de travail sur le partage des données nationales de l'accord intergouvernemental.

L'addendum 2020-25 à l'accord national sur la réforme de la santé prévoit une série de mesures nationales visant à améliorer les données de santé afin de réaliser une réforme de la santé à long terme et d'exploiter les données et les analyses pour apporter des améliorations significatives au système de santé. Il s'agit notamment d'établir une approche nationale pour régir la création, l'accès et le partage des données de tous les gouvernements australiens, et de perfectionner les mécanismes et les systèmes interopérables pour une intégration sécurisée et complète des données dans le parcours des patients.

Source : Questionnaire de l'OCDE sur les données de santé et les évolutions de la gouvernance pendant la pandémie de COVID-19, 2021.

Le ministère irlandais de la Santé travaille actuellement à l'élaboration d'une stratégie nationale d'information sur la santé. Dans le cadre de cette stratégie, l'Irlande prévoit la création d'un observatoire national de la santé autorisé par la loi, qui serait chargé de l'élaboration d'un cadre national de gouvernance des données de santé.

En Israël, c'est le ministère de la Santé qui est responsable de la gouvernance des données nationales sur la santé. Le gouvernement israélien a travaillé à la conception d'un cadre politique pour l'utilisation secondaire des données de santé pour la recherche afin de promouvoir des initiatives de recherche collaborative sur les données. Ce cadre n'est pas encore finalisé. En raison de la pandémie de COVID-19, le gouvernement a accéléré les travaux visant le partage et l'accès aux données.

Le gouvernement du Canada, de concert avec les provinces et les territoires, dirige l'élaboration d'une Stratégie pancanadienne relative aux données sur la santé afin d'améliorer la collecte, le partage et l'utilisation des données sur la santé au Canada tout en protégeant la vie privée (Canada, 2021). Un groupe consultatif d'experts (GCE), créé pour fournir des conseils et des orientations sur la stratégie, a publié un premier rapport présentant une vision des données de santé au Canada et établissant une base pour l'élaboration d'une approche pragmatique visant à consolider la Fondation canadienne des données de santé. Un second rapport souligne les actions de grande envergure requises pour soutenir la Fondation canadienne des données sur la santé.

La Slovénie a commencé à élaborer un cadre national de gouvernance des données de santé pour 2019. Le Luxembourg prévoit la création d'un observatoire national de la santé autorisé par la loi, qui soutiendra l'élaboration d'un cadre national de gouvernance des données de santé. La Belgique a fait part de son intention de renforcer la coopération de plusieurs administrations fédérales en charge de la santé (service public fédéral (SPF) de Santé publique, ministère de la Santé, INAMI, FAGG) en matière de politique des données.

Le Royaume-Uni (Écosse) dispose d'un cadre de gouvernance de l'information pour les données personnelles, qui intègre le Public Benefit and Privacy Panel for Health and Social Care (PBPP). Le PBPP est un groupe de défense des patients qui examine les demandes d'accès aux données de santé de NHS Scotland à des fins secondaires au regard de l'intérêt général et des répercussions des projets proposés sur la vie privée.

Les difficultés du développement d'une gouvernance des données nationales sur la santé

L'enquête 2019-20 sur le développement, l'utilisation et la gouvernance des données de santé a interrogé les pays sur les défis et difficultés posés par le développement de la gouvernance des données de santé.

La quasi totalité des pays ont déclaré avoir été confrontés à une ou plusieurs difficultés techniques ou de gouvernance des données au niveau national (Tableau 4.2). Les difficultés les plus fréquemment rencontrées sont les restrictions juridiques ou les obstacles politiques qui empêchent les autorités publiques d'établir un couplage des données (17 pays), les préoccupations concernant la qualité des données qui limitent leur utilité (16 pays) et les restrictions juridiques ou les obstacles politiques au partage des données entre les autorités publiques (14 pays). Un groupe de pays a fait état d'un grand nombre de problèmes techniques et de gouvernance des données de santé : l'Australie, la Belgique, le Canada, l'Allemagne, l'Irlande, le Luxembourg et les Pays-Bas.

Tableau 4.2. Les difficultés du développement d'une gouvernance des données nationales sur la santé

Pays	Restrictions juridiques ou obstacles politiques au partage des données entre les autorités publiques	Restrictions juridiques ou obstacles politiques qui empêchent les autorités publiques d'établir un couplage des données	Restrictions juridiques ou obstacles politiques qui empêchent les autorités publiques d'extraire les données des dossiers cliniques électroniques ?	Restrictions juridiques ou obstacles politiques au partage de données désidentifiées avec les universités ou les organismes de recherche à but non lucratif dans votre pays.	Restrictions juridiques ou obstacles politiques au partage de données désidentifiées avec un gouvernement étranger ou un chercheur étranger	Absence d'identifiants personnels pour coupler les données	Préoccupations concernant la qualité des données qui limitent leur utilité	Manque de ressources ou de compétences techniques pour traiter les données ou pour rendre les données accessibles pour la recherche et les statistiques	Autres difficultés
Australie	Oui	Oui	Oui	Non	Non	Oui	Oui	Oui	Non
Autriche	Oui	Oui	Non	Non	n.c.	Non	Oui	Non	n.c.
Belgique	Oui	Oui	Oui	Oui	Non	Oui	Oui	Oui	Oui
Canada	Oui	Oui	Oui	Non	Oui	Non	Non	Non	Non
Rép. tchèque	Oui	Oui	Non	Non	Non	Non	Oui	Non	Non
Danemark	Oui	Oui	Non	Non	Oui	Non	Non	Non	Non
Estonie	Non	Non	Non	Non	Non	Non	Oui	Oui	n.c.
Finlande	Non	Non	Non	Non	Non	Non	Oui	Oui	n.c.
France	Non	Oui¹	Oui	Non	Non	Oui	Oui	Non	n.c.
Allemagne	n.c.	n.c.	Oui	Oui	Oui	Oui	Oui	Non	Non
Irlande	Oui	Oui	Non	Non	Oui	Oui	Oui	Oui	Non
Israël	Oui	Oui	Oui	Oui	Non	Non	Non	Non	Non
Japon	Oui	Oui	Oui	Non	Oui	Oui	Non	Non	Non
Corée	Non	Oui	Oui	Non	Oui	Non	Non	Non	n.c.
Lettonie	Oui	Oui	Non	Non	Non	Non	Oui	Oui	n.c.
Luxembourg	Oui	Oui	Oui	Non	Non	Oui	Oui	Oui	n.c.
Pays-Bas	Oui	Oui	Oui	Oui	Non	Oui	Oui	Oui	Oui
Norvège	n.c.	n.c.	n.c.	n.c.	n.c.	n.c.	n.c.	n.c.	n.c.
Singapour (non-Adhérent)	Non	Non	Non	Non	Non	Non	Oui	Oui	Non
Slovénie	Oui	Oui	Non	Non	Non	Non	Non	Non	Non
Suède	Non	Non	Non	Non	Oui	Non	Oui	n.c.	n.c.
Royaume-Uni (Écosse)	Oui	Oui	Non	Non	Non	Non	Non	Non	Non
États-Unis	Oui	Oui	Oui	Non	Oui	Oui	Oui	Non	n.c.
Total Oui	15	17	11	5	8	10	16	10	3

Note : n.c. : non communiqué.
1. Les restrictions juridiques au couplage des données ont été allégées lors de la loi adoptée en 2019.
Source : Oderkirk (2021[10]), « Résultats de l'enquête : Infrastructure et gouvernance des données de santé au niveau national », https://doi.org/10.1787/55d24b5d-en.

Les 12 principes suivants font partie de la première recommandation visant à établir et mettre en œuvre un cadre national de gouvernance des données de santé.

Principe 1 : engagement et participation

Ce principe demande aux Adhérents de faciliter l'engagement et la participation, notamment par le biais d'une consultation publique, d'un large éventail de parties prenantes, afin de garantir que le traitement des données de santé personnelles dans le cadre de la gouvernance nationale des données de santé soit conforme aux valeurs de la société et aux attentes raisonnables du public. Un dialogue ouvert et public sur les éventuels avantages, risques et mesures d'atténuation des risques doit contribuer à promouvoir une approche équilibrée de la gouvernance des données personnelles de santé au sein de la société.

En 2019/20, 14 pays sur 23 ont indiqué qu'une consultation publique avait eu lieu ou était prévue sur les éléments d'un cadre national de gouvernance des données de santé (Tableau 4.1).

L'Australie déclare avoir entrepris une consultation des parties prenantes et du public. Cette consultation fait partie des étapes de l'élaboration d'un cadre pour l'utilisation secondaire des données du système My Health Record. Le système My Health Record est un système national de dossiers médicaux électroniques synthétisant les informations sur la santé des patients (Oderkirk, 2017[3]).

Les Pays-Bas font participer les fédérations de clients et de patients au Conseil national de l'information sur la santé. En outre, une consultation publique ouverte a lieu aux Pays-Bas pour examiner les documents présentant les concepts de gouvernance des données. Le développement de la gouvernance des données de santé en Corée inclut la participation des organisations de la société civile et des associations de patients afin de refléter les diverses opinions du public.

Israël a fait état d'un processus de consultation publique concernant l'utilisation secondaire des données de santé du ministère de la Santé, de la cellule *Digital Israel Bureau* et de l'Autorité de l'innovation, en recourant à des conventions publiques et à une consultation publique en ligne.

La Slovénie recueille les contributions du public à son cadre de gouvernance des données de santé par le biais d'un portail de cyberdémocratie. La Lettonie a entrepris en 2018 des présentations et des discussions avec des professionnels de la santé et des chercheurs, qui se sont poursuivies en 2019.

Le Canada a fait part de son intention de consulter le public, et déclare s'efforcer de concevoir la meilleure méthode à cette fin et de définir les domaines sur lesquels il conviendrait d'axer cette consultation. En France, l'une des missions du Health Data Hub est d'élaborer une charte d'engagement auprès des citoyens et des patients, en collaboration avec des associations de patients. L'Irlande a indiqué qu'une consultation publique aura lieu sur le projet de stratégie d'information sur la santé.

La République tchèque a indiqué qu'une nouvelle loi sur la santé en ligne était en cours d'élaboration. Elle comprendra une révision de la loi régissant le Système national d'information sur la santé (NHIS). Le public sera consulté dans le cadre de l'élaboration de cette loi. De même, l'Autriche, la Finlande, le Luxembourg et Singapour ont indiqué que des consultations publiques sont organisées systématiquement lorsqu'une réforme juridique est prévue.

Le ministère américain de la Santé et des Services sociaux a prévu une longue période de consultation publique sur la règle d'application (*Final Rule*) des dispositions de la loi *21st Century Cures Act* visant à favoriser le partage et l'utilisation des dossiers médicaux électroniques de manière fluide et sécurisée.

Principe 2 : coordination au sein du gouvernement et promotion de la coopération

Ce principe demande aux Adhérents de coordonner au sein du gouvernement et de promouvoir la coopération entre les organismes de traitement des données personnelles de santé, que ce soit dans le secteur public ou privé. Il s'agit notamment d'encourager les éléments et les formats de données communs, l'assurance qualité, les normes d'interopérabilité des données et les politiques communes qui minimisent les obstacles au partage des données.

Restrictions juridiques, appuis et obstacles au partage des données personnelles de santé

Quinze pays ont fait état dans l'enquête 2019/20 de restrictions juridiques ou d'obstacles politiques au partage des données entre les autorités publiques (Tableau 4.2). En Australie, une enquête a été menée par la Commission de la productivité sur les avantages et les coûts des solutions permettant d'améliorer la disponibilité et l'utilisation des données. Le rapport d'enquête de 2017 a identifié des obstacles au partage et à la diffusion des données, ainsi que des processus inutilement complexes pour l'accès aux données. Dans le cadre de l'enquête 2021 sur les dossiers médicaux électroniques, l'Australie a signalé que la clause dérogatoire à l'utilisation secondaire des données dans le système My Health Record ainsi que la pandémie de COVID-19 ont ralenti les efforts visant à permettre l'utilisation secondaire de cette source de données.

La Belgique a signalé des difficultés en 2019-20 pour partager les données entre les autorités publiques fédérales ; entre les autorités publiques aux niveaux fédéral et régional ; et entre les autorités publiques et les acteurs semi-publics, tels que les prestataires d'assurance maladie. En 2021, la Belgique a fait état de restrictions juridiques à l'utilisation secondaire des données des dossiers cliniques électroniques.

Au Canada, il existe des restrictions juridiques à la communication des données personnelles de santé entre les autorités publiques provinciales/territoriales, et entre les autorités provinciales et fédérales. Lors de l'enquête 2021 sur les dossiers médicaux électroniques, le Canada a indiqué qu'il n'y a pas de consensus sur le partage des données extraites des dossiers cliniques électroniques aux fins de recherche ou de statistiques nationales. Un rapport de 2021 a identifié de multiples obstacles politiques au Canada au partage et à l'utilisation des données de santé (Canada, 2021[21]).

En République tchèque, des restrictions juridiques empêchant la numérisation des données peuvent constituer des obstacles au partage des données entre les autorités publiques. Dans l'enquête 2021 sur les dossiers médicaux électroniques, la République tchèque a fait état de restrictions juridiques au développement du système de dossiers médicaux électroniques, et indiqué qu'il y a peu de partage et de couplage des données de santé détenues par différentes autorités publiques. La Hongrie a indiqué en 2021 qu'une nouvelle législation autorisant l'utilisation secondaire des données contenues dans les dossiers cliniques électroniques est en cours d'élaboration.

L'Estonie a fait savoir qu'en raison de la législation sur la protection des données, le couplage et l'accès à différentes sources de données compliqués constituent un processus complexe, bureaucratique et fastidieux. En Israël, le comité chargé d'évaluer les propositions de partage de données entre les autorités publiques refuse les propositions des autorités publiques qui sont jugées insuffisamment protectrices de la vie privée. Au Luxembourg, chaque situation de partage de données entre autorités publiques nécessite un accord de confidentialité spécifique.

En Lettonie et en Slovénie, le partage de données entre les autorités publiques ne peut avoir lieu que s'il existe une base juridique à cet effet et les lois sont élaborées au cas par cas. En Irlande, il existe une loi sur le partage des données qui s'applique aux organismes publics, mais qui exclut les données personnelles sensibles, y compris les données de santé. Les Pays-Bas signalent que le partage des données en vue de calculer des indicateurs de performance des soins de santé par établissement de soins est souvent interdit.

L'Italie a indiqué, dans le cadre de l'enquête 2021 sur les dossiers médicaux électroniques, que les utilisations secondaires et l'extraction de données sur les patients à partir du système de dossiers médicaux électroniques à des fins de recherche administrative, clinique et biomédicale sont possibles à condition que les patients donnent leur consentement éclairé. Les données désidentifiées des patients peuvent être partagées entre les autorités publiques et le ministère de la Santé à des fins épidémiologiques et statistiques nationales, conformément à la législation récemment modifiée (loi nº. 205/2021).

Le Japon déclare que la loi sur la protection des informations personnelles exige que le partage des données de santé des patients n'ait lieu qu'avec le consentement de la personne concernée ou après que les données ont été anonymisées conformément à une règle énoncée dans la loi. Les données à caractère personnel peuvent toutefois être partagées sans consentement, sous réserve d'une autorisation légale de partage.

L'enquête posait des questions sur le partage de données désidentifiées avec des chercheurs pour des projets de statistiques et de recherche d'intérêt général, tels que les chercheurs travaillant dans des universités ou des organismes à but non lucratif à l'intérieur du pays, et les chercheurs travaillant dans des universités, des organismes à but non lucratif ou le secteur public à l'étranger. Quatre pays (la Belgique, l'Allemagne, Israël et les Pays-Bas) ont indiqué des restrictions au partage de données désidentifiées à des fins de recherche, et sept pays (le Canada, le Danemark, l'Allemagne, l'Irlande, le Japon, la Corée et la Suède) des restrictions à ce partage avec les chercheurs travaillant dans des universités, des organismes à but non lucratif ou le secteur public à l'étranger (Tableau 4.2). Le partage de données de santé désidentifiées à des fins de recherche avec des chercheurs universitaires ou travaillant dans des organismes à but non lucratif dans l'Espace économique européen est régi par les dispositions du Règlement général sur la protection des données (RGPD) de l'UE, entré en vigueur en mai 2018. En vertu de ce Règlement, les données désidentifiées peuvent être considérées comme des données à caractère personnel et soumises au Règlement.

En Allemagne, le partage des données désidentifiées (qui ne sont pas considérées comme anonymes) relève des législations sur la protection des données au niveau fédéral et au niveau des États, ainsi que des lois hospitalières des États. S'agissant des chercheurs étrangers, l'autorisation dépend de la réglementation qui régit les données impliquées. Une solution peut consister à établir une collaboration de recherche avec un établissement allemand. Dans l'enquête 2021 sur les dossiers médicaux électroniques, l'Allemagne a fait état d'autres contraintes juridiques dues à l'hétérogénéité de la législation au niveau des États et à son interprétation par les autorités chargées de la protection des données (17 États et une autorité fédérale de protection des données), et elle a indiqué que l'utilisation secondaire des données sur la santé n'était souvent possible qu'avec un consentement éclairé.

Aux Pays-Bas, le système de santé est très fragmenté, avec de multiples détenteurs de données, et certains d'entre eux ont des doutes sur les obligations du RGPD de l'UE en matière de partage des données (comme nous l'avons vu dans la section précédente) ; le partage des données désidentifiées s'est restreint. Aux Pays-Bas, de nombreux ensembles de données sont détenus par des prestataires de soins de santé qui ne sont pas toujours disposés à partager leurs données. Comme en Allemagne, une solution pour les chercheurs étrangers pour accéder aux données aux Pays-Bas consiste à se joindre à une équipe de recherche néerlandaise.

En Suède, le partage de données avec des chercheurs étrangers est conditionné au fait que la législation sur la protection des données du pays d'accueil soit considérée comme satisfaisante par rapport à la législation nationale. Par conséquent, dans les faits, les chercheurs européens ont plus de facilité que les autres à obtenir une autorisation d'accès aux données.

En Estonie, le partage des données peut être un processus long et bureaucratique, mais il est néanmoins possible d'obtenir l'autorisation, aussi bien pour les candidats nationaux qu'étrangers. La Belgique applique le RGPD de l'UE et ne fait pas de distinction entre l'utilisation nationale et étrangère à des fins de recherche, mais les candidats doivent satisfaire à toutes les conditions du comité de sécurité de l'information et être autorisés par les détenteurs des données. L'autorisation peut être accordée pour des études scientifiques mais pas à des fins commerciales. En Belgique, il n'existe pas de politique en matière de partage des données. En Irlande, les dispositions de la loi sur la protection des données traitent du transfert de données vers un pays tiers ; toutefois, un organisme dont les données sont visées peut empêcher le partage de données avec des chercheurs étrangers.

En Australie, les chercheurs qui démontrent que leurs travaux ont été approuvés par le comité d'éthique approprié devraient avoir accès en toute sécurité à des données désidentifiées. Le processus d'autorisation peut néanmoins être complexe et long. Si le chercheur est à l'étranger, la difficulté est alors de s'assurer que les données ne pourront pas être re-identifiées. La loi sur la protection de la vie privée de 1988 (*Privacy Act*)exige qu'une entité qui divulgue les données de santé personnelles d'un individu soit tenue responsable si le chercheur étranger fait un usage abusif de ces données. Par ailleurs, le cadre réglementaire de MyHealth Record (dossiers médicaux électroniques) interdit que les données de ces dossiers soient partagées ou stockées en dehors de l'Australie.

Au Canada, certaines provinces et certains territoires interdisent, par la loi ou par une politique, la divulgation de données de santé personnelles désidentifiées en dehors du Canada. Cette restriction et d'autres obstacles au Canada limitent le partage de données désidentifiées avec les chercheurs - en particulier pour les projets de recherche internationaux. En Corée, aucune base juridique ne permet de partager les données avec un chercheur étranger.

Initiatives pour améliorer l'interopérabilité des données de santé

En 2021, vingt-et-un répondants ont déclaré mettre en œuvre des politiques ou des projets visant à améliorer l'interopérabilité des données au sein des systèmes de dossiers médicaux électroniques (DME). Dix-huit répondants sont en passe d'adopter le standard FHIR (*Fast Health care Interoperability*) de HL7, et deux autres envisagent son adoption. Le standard FHIR de HL7 prend en charge des applications web dans le domaine des soins de santé qui sont présentes dans d'autres domaines (commerce électronique, banque, réservation de voyage), et recourt à des outils de développement couramment utilisés, ce qui permet la participation d'un plus grand nombre de développeurs et un développement plus rapide. Treize répondants sont également en train d'adopter les standards SMART sur FIHR et quatre autres envisagent de le faire. Le standard SMART (*Substitutable Medical Applications and Reusable Technologies*) est utilisé conjointement à FHIR pour développer des applications mobiles et de navigateur web qui peuvent être connectées à tout système de DME, et interagir avec celui-ci. Par exemple une application permettant d'aider les patients à gérer leur traitement ou une autre pour sécuriser les communications avec un prestataire de soins de santé.

Quinze répondants ont déclaré développer des interfaces de programmation d'applications (API) publiques, et un autre envisage d'adopter ce standard. Les interfaces de programmation d'applications (API) permettent le partage des données entre différents logiciels de DME et technologies de l'information pour la santé, et ainsi de surmonter les obstacles à l'interopérabilité des données.

Tableau 4.3. Normes d'interopérabilité

Répondant	Mise en œuvre de politiques et de projets pour améliorer l'interopérabilité des DME	Développement d'API publiques	Adoption du standard FHIR de HL7	Adoption des standards SMART sur FHIR
Australie	Oui	Oui	Oui	Oui
Belgique	Oui	Oui	Oui	Oui
Canada	Oui	Oui	Oui	Non
Costa Rica	Non	Non	Non	Non
Rép. tchèque	Oui	n.c.	Oui	Oui
Danemark	Oui	Oui	Oui	Non
Estonie	Oui	Non	Oui	Oui
Finlande	Oui	Oui[1]	Oui	Oui
Allemagne	n.c.	n.c.	n.c.	n.c.
Hongrie	Oui	Oui	Non	Non
Islande	Oui	Oui	Oui	Non[2]
Israël	Oui	Non	Oui	Non[2]
Italie	Oui	Non	Oui	Non
Japon	Oui	Non	Non[2]	Non[2]
Corée	Oui	Oui	Oui	Oui
Lituanie	Oui	Non	Oui	Oui
Luxembourg	Oui	Oui	Oui	Non
Mexique	n.c.	n.c.	n.c.	n.c.
Pays-Bas	Oui	Oui	Oui	Oui
Norvège	Oui	Oui	Oui	Oui
Portugal	Non	Oui	Non	n.c.
Féd. de Russie (non-Adhérent)	n.c.	n.c.	Oui	Oui
Slovénie	Oui	n.c.	Non	n.c.
Suède	Oui	Oui	Oui	Oui
Suisse	Oui	Non[2]	Non[2]	Non[2]
Turquie	Non	Oui	Non	Oui
États-Unis	Oui	Oui	Oui	Oui
Total Oui	21	15	18	13

Note : n.c. non communiqué // s.o. sans objet // nsp : ne sait pas Information inconnue.
1. Peut-être non ouvert (public)
2. Adoption envisagée.
Source : Enquête sur l'utilisation et la gouvernance des données issues des systèmes de dossiers médicaux électroniques, OCDE 2021.

En 2021, 20 des 27 répondants ont indiqué qu'une organisation nationale était chargée de déterminer les normes dans les domaines de la terminologie clinique et de l'échange de données (messages électroniques). Onze répondants déclarent cependant qu'en raison du déploiement fragmenté des DME dans leur pays, les normes de terminologie clinique manquent de cohérence entre les différents réseaux ou entre régions. Ce problème reste significatif, mais la situation s'est néanmoins améliorée par rapport à 2016 où 20 répondants le rapportaient.

Tableau 4.4. Organisation nationale chargée de l'infrastructure des DME, et son rôle dans l'établissement des normes relatives aux données

Répondant	Organisation nationale principalement chargée du développement de l'infrastructure nationale des DME	Nom de l'organisation	L'organisation définit les normes en matière de terminologie clinique dans les DME	L'organisation définit les normes en matière de messagerie électronique
Australie	Oui	Australian Digital Health Agency (ADHA)	Oui	Non
Belgique	Oui	Plateforme eHealth et SPF Santé publique	Oui	Oui
Canada	Oui[1]	Inforoute Santé du Canada et Institut canadien d'information sur la santé	Oui	Oui
Costa Rica	Non		s.o.	s.o.
Rép. tchèque	Oui	Ministère de la Santé, département de la cybersanté (ITEZ)	Oui	Oui
Danemark	Oui	Autorité danoise pour les données de santé	Oui	Oui
Estonie	Oui	Centre des Systèmes d'information sur la santé et le bien-être	Oui	Oui
Finlande	Oui	Caisse d'assurance sociale (Kela)	Oui	Oui
Allemagne	Oui	Gematik GmbH	n.c.	n.c.
Hongrie	Oui	Ministère de la Santé et Direction générale des hôpitaux nationaux (OKFO)	n.c.	n.c.
Islande	Oui	Direction de la Santé, Centre national pour l'Unité eHealth	Oui	Oui
Israël	Non	Ministère de la Santé	Oui	Oui
Italie	Oui	Ministère de l'Économie, SOGEI (intégrateur de systèmes en interne)	Oui	Oui
Japon	Oui	Health Insurance Claims Review and Reimbursement Services et All-Japan Federation of National Health Insurance Organisations	Oui	Oui
Corée	Oui	Korea Health Information Service (KHIS)	Oui	Oui
Lituanie	Oui	Ministère de la Santé et Centre des registres des entreprises d'État	Oui	Oui
Luxembourg	Oui	Agence eSanté	Oui	Oui
Mexique	n.c.		n.c.	n.c.
Pays-Bas	Oui	n.c.	Oui	Oui
Norvège	Oui	Norsk Helsenett	Non	Non
Portugal	Oui	SPMS (Services partagés pour le ministère de la Santé)	Oui	Oui
Féd. de Russie (non-Adhérent)	Oui	Ministère de la Santé et ministère du Développement numérique, de la Communication et des Médias de masse	Oui	Oui

Répondant	Organisation nationale principalement chargée du développement de l'infrastructure nationale des DME	Nom de l'organisation	L'organisation définit les normes en matière de terminologie clinique dans les DME	L'organisation définit les normes en matière de messagerie électronique
Slovénie	Oui	Institut national de santé publique (NIJZ)	Oui	Oui
Suède	Oui et non[2]	Diverses agences impliquées aux niveaux national et régional	Oui	Oui
Suisse	Oui	eHealth Suisse	Oui	Oui
Turquie	Oui	Ministère de la Santé	Oui	Oui
États-Unis	Non[3]	Département de la Santé et des Services sociaux	Oui	Oui

Note : n.c. non communiqué // s.o. sans objet // nsp : ne sait pas Information inconnue.
1. L'élaboration et la mise en œuvre sont gérées par chaque juridiction.
2. Certains aspects sont coordonnés entre quelques autorités.
3. Le département de la Santé et des Services sociaux adopte les normes nationales et réglemente la certification des produits de DME. La gouvernance de l'infrastructure d'échange est en cours de définition. Peut-être non ouvert (public)
Source : Enquête 2021 de l'OCDE sur le développement, l'utilisation et la gouvernance des systèmes de dossiers médicaux électroniques.

Aucun consensus mondial ne se dégage quant à la norme terminologique à adopter pour les principaux termes cliniques. On constate cependant que certaines normes terminologiques internationales sont utilisées par une part significative des pays. En 2021, 18 répondants ont déclaré utiliser la Classification statistique internationale des maladies et des problèmes de santé connexes (CIM-10) pour le diagnostic ; 16 le Système de classification anatomique, thérapeutique et chimique (ATC) pour les médicaments ; 13 la terminologie *Logical Observation Identifiers Names and Codes* (LOINC) pour les essais de laboratoire ; et 10 les normes DICOM pour l'imagerie médicale. Pour certains termes clés des dossiers cliniques (comme procédures chirurgicales, signes vitaux, comportements sains, statut socio-économique, caractéristiques culturelles et psychosociales pertinentes d'un point de vue clinique, et résultats et vécu déclarés par les patients), il n'existe aucun consensus entre les pays quant à la norme internationale à appliquer. En outre, des normes locales ont bien souvent été adoptées, et dans certains cas, ces éléments ne sont pas codés dans une norme terminologique (consignés en tant que texte libre). Ces résultats de 2021 constituent une petite amélioration par rapport à 2016, le nombre pays utilisant les normes CIM-10 et ATC ayant un peu augmenté.

Douze répondants ont déclaré adopter la Nomenclature systématisée des termes cliniques en médecine (*Systematized Nomenclature of Medicine-Clinical Terms* – SNOMED CT) pour au moins un terme clé de leur DME. Il s'agit d'un ensemble exhaustif de normes terminologiques qui couvrent les termes clés utilisés dans les DME. Le coût du déploiement reste cependant un obstacle à une adoption plus large, et le nombre de répondants reste inchangé par rapport à 2016.

Principe 3 : capacité des systèmes de données de santé du secteur public

Les adhérents sont invités à examiner la capacité des systèmes de données de santé du secteur public, notamment la disponibilité, la qualité, l'aptitude à l'emploi, l'accessibilité, et la confidentialité des données, ainsi que les protections pour la sécurité des données ; et à examiner les dispositifs de traitement des données qui sont autorisés pour la gestion des systèmes de santé, la recherche, les statistiques et autres fins dans l'intérêt public en matière de santé, en particulier l'accès aux ensembles de données, leur transfert, et leur couplage.

Disponibilité, maturité et utilisation des données

Les grands ensembles de données nationales sur la santé sont nombreux dans les pays examinés, et les activités de suivi et de recherche dans le domaine de la santé et des soins bénéficient d'investissements importants dans tous les pays. Globalement, les répondants affichant les indicateurs de disponibilité, de maturité et d'utilisation des ensembles de données les plus élevés en 2019/20 sont le Danemark, la Corée, la Suède, la Finlande et la Lettonie (Tableau 4.4. et Tableau A A.1).

La disponibilité, la maturité et l'utilisation des ensembles de données incluent huit éléments : la disponibilité, la couverture, l'automatisation, l'opportunité, l'identification unique, le codage, le couplage des données et la communication régulière des indicateurs de qualité des soins et de les performances des systèmes.

La moitié supérieure des répondants fait globalement état d'une amélioration de la disponibilité, de la maturité et de l'utilisation des ensembles de données depuis 2013, alors que la moitié inférieure rapporte généralement une baisse des capacités, à l'exception du Japon où de nets progrès ont été enregistrés.

L'OCDE s'est donné pour priorité d'aider les pays membres et non-membres à mesurer la qualité des soins de santé, à renforcer la gouvernance des données de santé, à développer les systèmes de santé fondés sur la connaissance, et à renforcer les statistiques en matière de santé. Les écarts entre pays restent cependant élevés en 2019/20, et mettent en lumière les défis qui restent à relever (Tableau 4.4.).

Les résultats présentés dans ce rapport renvoient aux systèmes de données de santé dans les pays membres de l'OCDE juste avant le début de la pandémie de COVID-19 en mars 2020. La pandémie a depuis renforcé l'attention que les pouvoirs publics accordent aux lacunes, décrites ici, que présentent de longue date les données de santé et les systèmes d'information sur la santé.

Onze répondants ont déclaré utiliser la totalité ou presque des 13 grands ensembles de données nationales pris en compte dans cette étude : l'Australie, l'Autriche, la Corée, le Danemark, l'Estonie, la France, la Norvège, les Pays-Bas, le Royaume-Uni (Écosse), Singapour et la Suède. Seuls deux ensembles de données nationales étaient cependant disponibles dans tous les pays : les données sur les patients hospitalisés et les données d'enquête sur la santé de la population. L'ensemble de données le moins souvent disponible était le registre des maladies cardiovasculaires, présent dans seulement dix pays.

Tableau 4.5. Disponibilité, maturité et utilisation des grands ensembles de données nationales sur la santé, 2019-20

Répondant	% des grands ensembles de données nationales sur la santé disponibles[1]	% des ensembles de données sur la santé disponibles avec une couverture d'au moins 80 % de la population	% des ensembles de données sur la santé disponibles où les données sont extraites automatiquement de dossiers cliniques ou administratifs électroniques	% des ensembles de données sur la santé disponibles où le délai entre l'enregistrement des données et leur intégration dans l'ensemble de données est d'une semaine ou moins	% des ensembles de données sur la santé disponibles partageant le même ID unique de patient	% des ensembles de données sur la santé disponibles où des codes normalisés sont utilisés pour la terminologie clinique	% des ensembles de données sur la santé disponibles utilisés pour rendre compte de la qualité des soins de santé et de la performance des systèmes de santé (indicateurs publiés)	% des ensembles de données sur la santé disponibles régulièrement couplés à des fins de recherche, de statistique et/ou de suivi (indicateurs)	Somme
Australie	92%	100%	56%	17%	17%	78%	83%	67%	5.09
Autriche	92%	100%	78%	0%	33%	89%	75%	42%	5.17
Belgique	69%[2]	71%	86%	11%	22%	71%	78%	33%	4.42
Canada	85%	75%	75%	0%	64%	100%	91%	100%	5.89
Rép. tchèque	77%	100%	100%	0%	90%	100%	90%	60%	6.17
Danemark	100%	100%	100%	77%	100%	100%	100%	100%	7.77
Estonie	92%	89%	78%	50%	83%	100%	92%	25%	6.09
Finlande	85%	100%	56%	36%	100%	100%	91%	100%	6.67
France	92%	78%	56%	8%	58%	100%	83%	67%	5.42
Allemagne	31%	100%	33%	0%	0%	100%	100%	0%	3.64
Irlande	77%	86%	29%	0%	0%	29%	0%	0%	2.20
Israël	85%	88%	100%	18%	64%	100%	100%	64%	6.18
Japon	85%	100%	75%	0%	45%	88%	27%	9%	4.29
Corée	92%	89%	89%	58%	100%	100%	92%	67%	6.87
Lettonie	77%	88%	63%	80%	80%	100%	90%	70%	6.47
Luxembourg	77%	100%	71%	10%	70%	86%	100%	30%	5.44
Pays-Bas	92%	70%	100%	0%	75%	100%	83%	83%	6.04
Norvège	100%	80%	90%	0%	77%	90%	85%	69%	5.91
Singapour (non-adhérent)	100%	80%	100%	0%	62%	90%	31%	31%	4.93
Slovénie	77%	100%	100%	0%	70%	100%	70%	60%	5.77
Suède	92%	100%	100%	8%	92%	100%	100%	92%	6.84
Royaume-Uni (Écosse)	92%	100%	67%	0%	0%	78%	67%	17%	4.20
États-Unis	54%[2]	33%	17%	0%	14%	67%	57%	57%	2.99

Note : la colonne 'somme' est la somme des colonnes précédentes et le maximum est 8.
1. Treize ensembles de données nationales incluant dix ensembles de données de santé (patients hospitalisés, patients hospitalisés pour maladie mentale, soins d'urgence, soins primaires, médicaments délivrés sur ordonnance, cancer, diabète, maladies cardiovasculaires, mortalité, et soins professionnels de longue durée) ; enquête sur le vécu des patients, enquête sur la santé de la population et recensement ou registre de la population.
2. Comprend des ensembles de données sur la santé et les soins du NCHS (États-Unis) La participation des hôpitaux aux données hospitalières nationales du NCHS est insuffisante pour produire des estimations nationales.
Source : Oderkirk (2021[10]), « Résultats de l'enquête : Infrastructure et gouvernance des données de santé au niveau national », https://doi.org/10.1787/55d24b5d-en.

Préoccupations liées à la qualité des données qui limite leur utilité

Globalement, 16 répondants à l'enquête de 2019-20 ont déclaré être préoccupés par la qualité des données nationales qui limite leur utilité (Tableau 4.2). Ils ont notamment rapporté des inquiétudes quant à la qualité des données administratives lorsqu'elles sont utilisées à des fins autres que leur finalité première (Lettonie, Australie) ; ainsi que concernant la qualité des données entrées/codées par les praticiens des soins de santé dans les dossiers électroniques, qui n'a pas encore été largement évaluée (Australie, Estonie). On relève un problème d'exploitabilité des données dans les dossiers médicaux en France en raison des nombreux fournisseurs de logiciel et de l'absence de normes relatives aux données ; ainsi qu'un autre dû à l'absence de données structurées et à l'utilisation de la saisie de données en texte libre dans les dossiers médicaux (Autriche, France). L'absence de normes relatives aux données communes entre les provinces et territoires du Canada, et l'application non uniforme des normes sont des problèmes qui se font jour.

Aux États-Unis, l'absence de normes relatives aux données, les formats incompatibles et l'imprécision des données démographiques dans les différents ensembles de données diminuent la fiabilité du couplage des ensembles de données. La correspondance de l'identité des patients entre différents ensembles de données repose généralement sur les données démographiques des patients car le couplage des dossiers recourt à des technologies telles que des matrices ou des répertoires locaux de patients ainsi qu'à des méthodes de couplage déterministes et probabilistes. Des études démontrent que les erreurs dans le couplage des données proviennent souvent de la qualité des données démographiques des patients – les problèmes de qualité surviennent lorsque les données ont été initialement collectées lors de la procédure d'enregistrement des patients.

Les délais constituent également un problème, tout comme l'absence de mécanismes de contrôle de la qualité et de sanctions en cas de mauvaise qualité des données (Belgique). Aux Pays-Bas, les données de soins médicaux provenant des spécialistes pratiquant dans les hôpitaux et les établissements de soins ambulatoires ne sont pas rapidement disponibles en raison du long délai nécessaire pour obtenir les données de facturation et du système de codage, difficile à analyser, utilisé par ces prestataires. Il existe des secteurs des soins de santé (notamment les soins de santé mentale généraux, les soins de longue durée, et la pédiatrie) dans lesquels ces ensembles de données ne sont pas disponibles, sont incomplets ou n'intègrent pas de diagnostic. La couverture du diagnostic dans le registre des consultations de soins de santé primaires et la couverture du diagnostic secondaire dans les données hospitalières sont à l'origine de préoccupations sur la qualité des données en Finlande. Il existe des interrogations en Allemagne quant à la qualité des informations sur la cause du décès dans les données sur la mortalité.

En Irlande, c'est plutôt la gouvernance des ensembles de données qui suscite des inquiétudes. La Health Information and Quality Authority (HIQA) a conduit plusieurs examens des pratiques en matière d'information dans des grands ensembles de données de santé et a relevé plusieurs problèmes de gouvernance[3].

Qualité des ensembles de données nationales sur la santé

Axée sur dix ensembles de données nationales qui sont directement liés à la santé,[4] la présente étude a exploré des aspects de la qualité des données dont la couverture de la population, le codage de la terminologie clinique, l'extraction des données des dossiers cliniques électroniques, et les délais.

Les ensembles de données de la plupart des répondants couvrent 100 % de la population cible, mais on relève des lacunes majeures dans certains cas. Il convient de combler ces lacunes pour bien comprendre les prestations de soins et leurs résultats. La raison la plus fréquente pour laquelle les ensembles de données nationales ne couvrent pas l'ensemble de la population est l'absence de dossiers sur les soins fournis par les prestataires et les établissements du secteur privé ou couverts par une assurance privée.

Seuls sept répondants (le Danemark, Israël, les Pays-Bas, la République tchèque, Singapour, la Slovénie et la Suède) ont indiqué que tous les ensembles de données reposaient dans une certaine mesure sur des données extraites automatiquement des données cliniques électroniques et/ou des données électroniques relatives aux demandes de remboursement ou à la facturation. Dans la plupart des pays, les principaux ensembles de données nationales sur la santé disponibles mêlent des données issues de dossiers papier et des données extraites automatiquement de dossiers électroniques. Les avantages de l'extraction automatique des données sont notamment les suivants : amélioration des délais de saisie des données, évitement des coûts associés à la saisie des données sur papier ; et minimisation des erreurs liées à la transcription des informations.

Treize répondants ont indiqué que pour tous leurs principaux ensembles de données sur la santé, la terminologie clinique est codée par l'attribution de codes normalisés à l'aide d'un système de classification, comme le codage du diagnostic en fonction d'un code de Classification internationale des maladies (CIM) ou le codage des médicaments sur ordonnance en fonction d'un code de la Classification anatomique, thérapeutique et chimique (ATC). Quinze répondants ont indiqué que la majorité de leurs principaux ensembles de données sur la santé disponibles comprennent des données codées par un clinicien, comme un médecin ou une infirmière. Treize répondants ont déclaré que la plupart des ensembles de données étaient codés par un professionnel du codage des soins de santé. Chez la plupart des répondants, les professionnels du codage comme les cliniciens effectuent le codage des données au sein d'ensembles de données nationales.

Le recours aux données électroniques, ainsi qu'à des professionnels cliniques pour le codage, a un impact positif sur l'actualité des données dans les principaux ensembles de données nationales. Les données disponibles en temps réel ou quasi réel permettent de surveiller la qualité et les performances des soins et de détecter et régler les problèmes à mesure qu'ils surviennent, et notamment les événements indésirables. La Corée, le Danemark, l'Estonie et la Lettonie se distinguent par un délai très court, d'une semaine ou moins, entre le moment où des données sont enregistrées pour la première fois et celui où elles sont incluses dans l'ensemble de données nationales utilisé à des fins d'analyse dans la totalité ou la plupart des grands ensembles de données nationales.

L'enquête de 2021 sur le COVID-19, qui mesure l'évolution en matière de données de santé et de gouvernance du fait de la pandémie, indique que le délai de traitement est le domaine dans lequel les pays ont le plus progressé pour ce qui est des données de santé nationales. Ainsi, alors que seuls deux pays disposaient de données hebdomadaires sur la mortalité en 2019/20, en septembre 2021 huit pays rapportaient des données de manière journalière et cinq autres de manière hebdomadaire. Une amélioration des délais a également été observée pour les données nationales sur la santé, en particulier pour les données liées à l'hospitalisation.

En 2019-20, les répondants, dans la plupart des cas, ne déclaraient pas utiliser les ensembles de données nationales sur la santé pour la prise de décisions cliniques ou de gestion en temps réel. Les seules exceptions sont le Canada, où le système d'évaluation interRAI des établissements de soins de longue durée est doté d'algorithmes permettant aux cliniciens d'identifier en temps réel les domaines d'intervention, comme le risque de chutes, les Pays-Bas, où les données des registres nationaux du diabète sont intégrées dans un tableau de bord accessible aux cliniciens pour faciliter la prise de décision clinique, et la Suède, où des composantes régionales du registre du diabète sont utilisées à des fins de prise de décision clinique.

La pandémie de COVID-19 a modifié les besoins et l'utilisation de données à jour pour la prise de décision à tous les niveaux des systèmes de santé pour la surveillance épidémiologique et la gestion des soins (Encadré 4.5).

Encadré 4.5. Exemples de données à jour pour la prise de décision en réponse au COVID-19

La pandémie de COVID-19 a contraint les pays à développer des données en temps quasi réel afin de pouvoir prendre les bonnes décisions permettant de limiter la propagation de l'infection et de répondre de manière adaptée aux besoins de soins. Voici quelques exemples de modifications apportées aux systèmes de données à l'appui de la prise de décision.

Le registre Beredt C19 en Norvège est un nouveau lac de données qui a été créé en avril 2020 pour collecter des données journalières sur les hospitalisations (via le registre norvégien des patients), les soins primaires et les soins d'urgence. Il couple les données provenant de plusieurs sources en temps réel, à un niveau individuel par le biais du numéro d'identification personnel. Ce lac de données a été autorisé par la Loi sur la préparation des systèmes de santé. Le couplage des données était possible avant la pandémie, mais les délais courts (heures/jours) entre les données obtenues en interne et leur communication aux pouvoirs publics a constitué un énorme avantage.

L'Italie a mis en place un nouveau système national intégré de surveillance du COVID-19 produisant des mises à jour quotidiennes et des rapports d'évaluation hebdomadaires sur la résilience des services de soins et pour aider les Régions et Provinces autonomes à prendre les bonnes décisions en matière de risque épidémique. Le Luxembourg a élaboré un système de collecte journalière de données sur les résidents et le personnel des structures de soins de longue durée, ainsi que des mécanismes de contrôle de la qualité mis en œuvre par la Direction de la santé en collaboration avec les établissements.

L'Australie a mise en place le système CHRIS (*Critical Health Resources Information System*), un tableau de bord national de l'activité des unités de soins intensifs (USI) en 2020 : toutes les USI lui fournissent des données deux fois par jour et peuvent consulter en temps réel le nombre de patients et les ressources disponibles dans chaque USI de leur région ; elles peuvent également accéder à une synthèse globale de la situation des USI du pays. Des statistiques sommaires sont accessibles aux administrateurs des services de santé de tous les États et Territoires, ainsi qu'à toutes les sociétés de transport des patients.

Au Japon, le système de collecte de données médicales G-MIS met à disposition des centres de santé publique des informations sur tous les établissements médicaux qui prennent en charge le COVID-19, notamment sur la situation des activités hospitalières, les lits d'hôpitaux et les USI, le personnel médical, le nombre de visiteurs et de patients, le nombre de tests, et la disponibilité des équipements médicaux (tels que respirateurs et ECMO) et du matériel médical (tels que masques et autres équipements de protection individuelle (EPI)).

Le Royaume-Uni a élaboré un nouveau projet SitRep à l'appui de la prise de décision à l'échelle nationale et dans les régions. SitRep informe quotidiennement les parties prenantes sur les capacités en lits dans les hôpitaux, les EPI et le personnel de soins intensifs, l'utilisation et les capacités en oxygène et en respirateurs. Afin de collecter des données plus complexes en temps réel et pour permettre une meilleure gestion de la chaîne d'approvisionnement et répartition des équipements et consommables, le Service national de santé (NHS) a collaboré avec une société privée (Palantir) à l'élaboration d'outils visant à faciliter la gestion des flux opérationnels et des stocks d'EPI et de respirateurs, et, à terme, à effectuer un suivi de la vaccination. Concernant la vaccination, il existe désormais des flux de données en direct qui fournissent des taux de vaccination toutes les heures dans lesquels des données individuelles sont renvoyées dans les dossiers médicaux électroniques des médecins généralistes, démontrant ainsi que la collecte de données en quasi temps réel est possible à l'échelle nationale.

Le ministère israélien de la Santé a mis en place une base de données sur le COVID-19 qui collecte des données quotidiennes sur les tests, les vaccinations, les hospitalisations, les décès et d'autres données sanitaires pertinentes. Celle-ci a été créée pour faciliter la prise de décision et une synthèse des données est publiée sur un tableau de bord interactif national.

Source : Questionnaire de l'OCDE sur les données de santé et les évolutions de la gouvernance pendant la pandémie de COVID-19, 2021.

Capacité de couplage des ensembles de données nationales

Le couplage des dossiers permet d'accroître la valeur informative des ensembles de données individuels, d'établir des liens entre les soins fournis et les résultats de ces soins dans le temps et de mettre en contexte les données d'un ensemble avec celles d'autres sources. L'enquête 2019-20 a examiné un ensemble de facteurs techniques liés à la capacité de couplage des dossiers, notamment la disponibilité d'un identifiant unique pouvant être utilisé pour coupler les ensembles de données, les variables d'identification pouvant faciliter le couplage, l'utilisation cohérente d'identifiants uniques, et la régularité du couplage des ensembles de données.

On ne compte que quatre grands ensembles de données nationales sur la santé (données sur les patients hospitalisés, données sur les patients hospitalisés pour maladie mentale, données sur la mortalité et registres du cancer) pour lesquels la majorité des répondants indiquent que l'ensemble de données contient un identifiant de patient unique pouvant être utilisé pour coupler les dossiers, et que les données sont régulièrement couplées à des fins de recherche, de statistique ou de suivi (indicateurs). Nombre de répondants ne semblent pas tirer parti de la possibilité d'obtenir des informations supplémentaires à partir d'autres grands ensembles de données nationales par le biais du couplage des dossiers (Graphique 4.1).

Sept répondants (la Corée, la Finlande, Israël, la Norvège, la République tchèque, Singapour et la Suède) déclarent avoir recours à un numéro d'identification unique des patients/des individus pouvant être utilisé pour coupler les dossiers, et figurant dans au moins 90 % de leurs ensembles de données nationales. Quatorze répondants indiquent recourir au même numéro d'identification unique dans 60 % ou plus de leurs ensembles de données nationales.

Les couplages de données probabilistes impliquant le couplage des dossiers en fonction d'autres variables d'identification (comme le nom, le sexe, la date de naissance, l'adresse) pourraient être utilisés pour le couplage de la majorité des ensembles de données nationales chez 16 répondants. Il n'était cependant possible qu'en Australie et aux États-Unis de relier la majorité des ensembles de données via ces autres variables d'identification, mais pas par l'intermédiaire d'un numéro d'identification unique des patients/des individus.

Plus de la moitié des répondants déclarent que des couplages sont effectués régulièrement avec la plupart de leurs ensembles de données nationales (l'Australie, le Canada, la Corée, le Danemark, les États-Unis[5], la Finlande, la France, Israël, la Lettonie, la Norvège, les Pays-Bas, la République tchèque, la Slovénie, et la Suède). À l'inverse, des couplages sont effectués régulièrement avec une minorité de bases de données nationales en Autriche, en Belgique, en Estonie, au Japon, au Luxembourg, au Royaume-Uni (Écosse) et à Singapour, et avec aucune en Allemagne et en Irlande.

Cette étude donne à penser que certains pays n'utilisent pas les mêmes identifiants uniques d'un ensemble de données nationales sur la santé à l'autre. À moins qu'il n'existe des moyens de mettre en correspondance ces identifiants, ces différences empêchent de les utiliser pour coupler les ensembles de données. Parmi les répondants pour lesquels moins de 50 % des ensembles de données nationales sur la santé partagent un numéro d'identification unique des patients/individus, citons l'Allemagne, l'Australie, l'Autriche, la Belgique, l'Irlande, le Japon et le Royaume-Uni (Écosse) et les États-Unis.

Un facteur contribuant au couplage régulier ou non des ensembles de données est le nombre de dépositaires des grands ensembles de données nationales. La plupart des répondants comptent 3 à 5 organisations en charge des 13 grands ensembles de données sur la santé examinés. Toutefois, en Irlande et aux Pays-Bas, on compte 9 organisations différentes en charge des grands ensembles de données nationales, et 7 en France. Ces répondants risquent d'avoir beaucoup plus de difficultés que d'autres pays à intégrer et à coupler les données sur l'ensemble du parcours de soins, les lois et les politiques régissant l'accessibilité et le partage des données sur la santé devant être prises en compte et appliquées par de multiples organisations.

Graphique 4.1. Pourcentage des grands ensembles de données nationales sur la santé disponibles et régulièrement couplés à des fins de suivi et de recherche

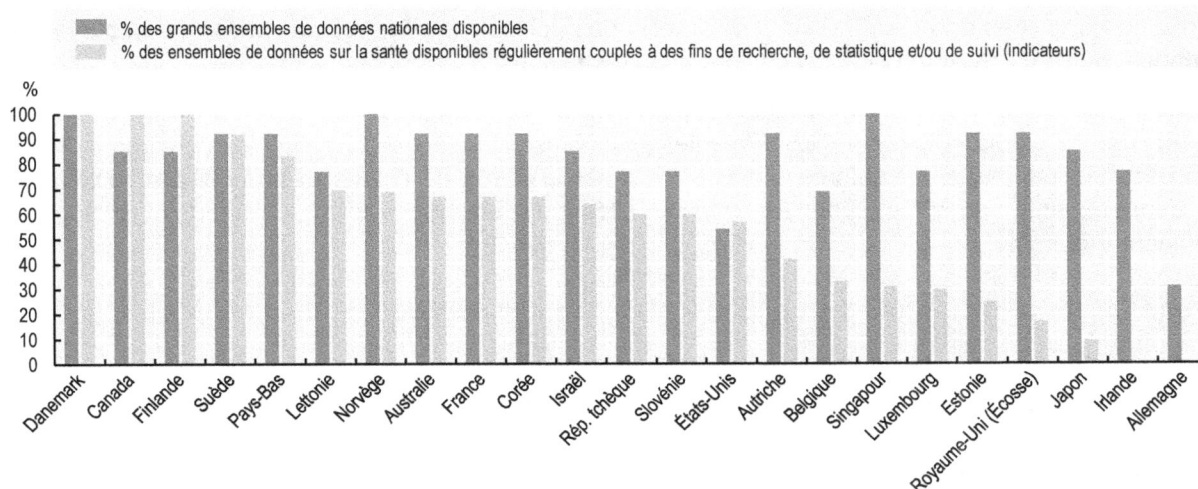

Source : Oderkirk (2021[10]), « Résultats de l'enquête : Infrastructure et gouvernance des données de santé au niveau national », https://doi.org/10.1787/55d24b5d-en.

Les pays couplant régulièrement leurs données ont également fait part des objectifs de cette démarche, qui sont notamment l'amélioration de la qualité des informations nationales, par la validation des données et la réduction des déficits d'information ; la fourniture de nouvelles informations sur la qualité, les résultats, la performance, l'accessibilité et l'équité des soins de santé ; et le renforcement de la recherche épidémiologique et sur les services de santé.

Dix-huit répondants ont déclaré coupler régulièrement les ensembles de données pour effectuer un suivi de la qualité des soins et/ou de la performance du système de santé. Parmi les types d'indicateurs utilisés et les analyses entreprises régulièrement avec les données couplées afin de surveiller la qualité des soins et/ou la performances du système de santé, on compte notamment des indicateurs de mortalité par suite d'une intervention, d'un traitement ou d'un épisode de soins ; des indicateurs de réadmission à l'hôpital ; des indicateurs des taux de prescription de médicaments ; et des indicateurs de survie après diagnostic ou traitement.

Restrictions légales, et facteurs facilitant ou faisant obstacle au couplage des ensembles de données

En 2019-20, seize répondants ont rapporté des restrictions légales ou des obstacles politiques entravant le couplage des ensembles de données par les autorités publiques. En Norvège, il n'existe pas de fondement juridique particulier pour le couplage des ensembles de données. De la même manière, aucune législation ne réglemente explicitement le couplage des ensembles de données par les autorités publiques au Japon.

Aux États-Unis, le *Health Insurance Portability and Accountability Act* (HIPAA) exige la création d'identifiants nationaux pour les patients, les prestataires, les hôpitaux et les payeurs ; toutefois, les législations suivantes ont interdit au département de la Santé et des Services sociaux de financer la promulgation ou l'adoption d'un identifiant national unique des patients. En conséquence, le couplage des données est moins précis, présente des risque pour la sécurité des patients, et suscite des inquiétudes quant à l'intégrité des données et au respect des restrictions relatives à l'utilisation des données autorisée par les individus. La Belgique rapporte également l'absence d'identifiants pour suivre les patients tout au long des processus de soins s'ils ont lieu dans différentes structures ou à différents niveaux de soins.

Au Canada, certaines juridictions provinciales/territoriales connaissent des restrictions légales ou des obstacles politiques au couplage des ensembles de données, en particulier entre des données sanitaires et d'autres non liées à la santé. De même, il n'est pas possible en République tchèque de coupler des données issues du Système national d'information sur la santé à des données externes.

Au Luxembourg, les couplages entre autorités publiques sont compliqués en raison de la mise à disposition de services de pseudonymisation. En Slovénie, les difficultés surviennent lorsque les données à coupler sont détenues par plus d'une autorité publique. En Israël, le comité qui évalue les propositions de couplage de données entre autorités publiques refuse celles qu'il estime ne pas suffisamment protéger la confidentialité.

Mesures légales ou politiques permettant l'accès aux données et leur partage entre autorités publiques

Les autorités publiques en Australie doivent être accréditées en tant qu'Autorité d'intégration avant de pouvoir entreprendre des projets d'intégration de données à haut risque, comme le couplage d'ensembles de données nationales (Commonwealth). L'accréditation garantit que l'intégration des données se fera de manière sûre et sécurisée.

En France, une nouvelle loi de 2019 a supprimé les restrictions légales au couplage des ensembles de données du Système National des Données de Santé et d'autres ensembles de données administrés par des autorités publiques, et a défini les modalités dans lesquelles les ensembles de données couplés peuvent être créés à des fins multiples.

En Corée, le couplage d'ensembles de données entre autorités publiques est juridiquement possible, mais limité en pratique. Le projet *Big Data Platform* a pour objectif de permettre le couplage d'ensembles de données pour la recherche médicale.

En Lettonie, il faut une base légale particulière pour qu'un couplage d'ensembles de données entre autorités publiques ait lieu. En 2017, un accord a été signé entre quatre autorités publiques (Centre de prévention et de contrôle des maladies, Service national de santé, Service médical d'urgence de l'État et Inspection sanitaire) afin d'établir une base de données couplée devant servir à mettre en place un nouveau cadre pour des indicateurs transparents de la qualité des soins, de la sécurité des patients et de l'efficacité.

Restrictions juridiques ou obstacles empêchant les autorités publiques d'extraire des données des dossiers de santé électroniques

Alors que de nombreux pays extraient des données des dossiers cliniques électroniques pour élaborer leurs grands ensembles de données nationales et à des fins de recherche, dix répondants en 2019-20 ont signalé des obstacles à cette démarche.

Aux Pays-Bas, des problèmes sont apparus à la suite de l'entrée en vigueur du RGPD de l'UE. Aux Pays-Bas, les ensembles de données sur la santé sont confiés à divers organismes publics [p. ex., l'Institut néerlandais des données hospitalières et l'Institut Perined (données sur les naissances)]. Les dépositaires des données sur la santé n'ont pas tous la même interprétation du RGPD de l'UE, et certains considèrent que les accords d'échange de données antérieurs ne sont plus légalement autorisés. Afin de supprimer toute ambiguïté quant au fait que l'échange de données est légal, certains organismes et instituts réclament au gouvernement une législation autorisant l'échange de données cliniques électroniques.

Au Luxembourg, l'extraction de données des dossiers cliniques électroniques à des fins secondaires n'est légale qu'avec le consentement écrit préalable des patients. De même, au Canada, les dépositaires également chargés du contrôle des dossiers médicaux électroniques dans le domaine des soins de santé primaires sont les prestataires de soins qui n'ont aucune obligation et parfois, selon la juridiction, aucune autorité légale de partager les données avec les autorités publiques, sans consentement explicite. Comme au Canada, la structure fédérale de l'Allemagne entraîne l'existence de différents cadres juridiques au niveau des *Länder* (lois des *Länder* sur la protection des données, lois des *Länder* sur les hôpitaux) qui régissent l'autorisation d'extraire ou non des données à des fins secondaires. En Australie, l'extraction de données est limitée par un certain nombre d'exigences législatives, de respect de la vie privée, de secret et de confidentialité, et les dossiers médicaux peuvent être divulgués avec le consentement des patients ou dans des circonstances précises lorsque la loi l'autorise.

En France, il existe une interdiction légale d'extraire des données du dossier médical partagé (DMP) à des fins de partage et de couplage des données dans le cadre de l'effort de modernisation des systèmes d'information des établissements de santé. Selon la France, cette interdiction légale est née du fait que la Caisse nationale de l'Assurance Maladie (CNAM) assure la gestion opérationnelle de la base de données administrative couplée sur les soins de santé et que les associations de patients ont demandé la garantie que l'assureur n'ait pas accès aux données cliniques figurant dans le DMP. Il est néanmoins légalement possible de créer un ensemble de données anonymisées à partir des DMP.

Au Japon, il n'existe pas de système national de dossiers de santé électroniques où les données pourraient être communiquées par chaque institution médicale. En outre, les institutions médicales exigent, en principe, le consentement des patients pour chaque projet de recherche ou de statistiques impliquant l'extraction et le partage des données les concernant à partir de leur dossier électronique.

En Belgique, il n'existe pas de véritable politique en matière d'extraction de données des dossiers électroniques à des fins secondaires. La Lettonie n'a pas encore expérimenté l'extraction de données, car la mise en œuvre du système national de santé en ligne n'a été lancée que récemment. En Irlande, la plupart des dossiers médicaux sont encore en version papier dans les hôpitaux de soins de courte durée.

Les répondants à l'enquête 2021 sur le DSE partageaient ces préoccupations. En 2021, 15 répondants ont indiqué que les problèmes de qualité des données au sein du système de dossiers cliniques électroniques constituaient un obstacle à la constitution d'ensembles de données nationales sur la santé à partir de cette source de données. La préoccupation la plus souvent exprimée concernait les données non structurées (texte libre) figurant dans les DSE, lesquelles doivent être structurées selon une terminologie commune pour être exploitables rapidement à des fins de statistiques et de recherche. Treize répondants ont également fait état de restrictions juridiques ou d'obstacles empêchant les autorités publiques d'extraire des données des DSE pour constituer des ensembles de données nationales sur la santé.

L'obstacle le plus difficile à franchir est peut-être celui de la Suisse, où la loi qui autorise la création de dossiers cliniques électroniques n'a pas prévu l'utilisation des données de ce système d'information à des fins de statistiques nationales ou de recherche et où, par conséquent, il est totalement interdit d'utiliser cette ressource d'information à des fins d'intérêt public autres que la prise en charge directe d'un patient. De même, en Corée, la loi autorisant le programme d'échange d'informations n'a autorisé l'échange de

DSE qu'à des fins de prise en charge directe des patients, et il n'existe aucun fondement juridique pour l'utilisation des données des DSE à des fins secondaires.

En Suède, la possibilité ou non d'extraire des données des DSE à des fins statistiques est limitée à la question de savoir si cet usage spécifique a été légalement autorisé. Les usages à des fins statistiques et de recherche qui n'ont pas d'ores et déjà été prévus et légalement autorisés sont limités. De même, la loi finlandaise autorisant le système de DSE ne stipule pas que le contrôle de la qualité des soins de santé peut être effectué à l'aide de données provenant des DSE, et la Finlande se heurte à des restrictions de cette activité qui relève de l'intérêt public. En Islande, les registres (ou ensembles) de données sur la santé sont chacun autorisés par une législation distincte. Si un nouveau registre (ou ensemble) de données est nécessaire, il est alors nécessaire d'adopter une nouvelle législation pour l'autoriser. De même, le Portugal signale un manque d'autorisation légale permettant l'extraction des données à des fins statistiques.

Le Japon et la Turquie s'inquiètent du fait que la loi nationale sur la confidentialité des données limite leur capacité à extraire des données de leur système de DSE pour constituer des ensembles de données nationales d'intérêt public. Le Canada fait état du problème que pose l'existence de différentes lois sur la protection des données dans ses 13 provinces et territoires.

Les membres de l'UE font également état de difficultés à mettre en œuvre le *règlement général de l'UE sur la protection des données (RGPD)*. L'Italie signale que les dispositions du RGPD sont complexes et ont nécessité l'implication de l'autorité de protection des données en vue de l'élaboration de solutions efficaces à l'appui de l'extraction de données des DSE à des fins statistiques. De même, la Slovénie indique que la législation nationale est très complexe et restrictive, ce qui limite sa capacité d'extraction des données à des fins statistiques.

Principe 4 : la fourniture d'informations claires aux personnes

Des informations claires et compréhensibles sur le traitement des données à caractère personnel doivent être fournies aux personnes auprès desquelles les données ont été collectées directement. Il doit s'agir notamment d'informations sur les objectifs sous-jacents du traitement, l'accès légal possible par des tiers, les avantages du traitement et son fondement juridique. Les adhérents sont également invités à notifier aux personnes en temps utile toute violation importante de leurs données à caractère personnel. Sur la base d'une enquête menée en 2019 auprès des autorités de protection de la vie privée, un récent rapport de l'OCDE rend compte de la tendance des pays de l'OCDE à adopter des lois et de nouvelles exigences obligatoires élargies en matière de notification de violations de données à caractère personnel. Les résultats de l'enquête 2019 indiquent que tous les répondants liés par le RGPD et plus de la moitié des répondants non liés par le RGPD ont instauré la déclaration obligatoire des notifications de violation de données à caractère personnel à une ou plusieurs autorités. Plus précisément, aux États-Unis, les deux tiers des États ont répondu qu'ils avaient instauré la déclaration obligatoire des notifications de violation de données à caractère personnel à une ou plusieurs autorités.

Les résultats indiquent également que tous les répondants liés par le RGPD, cinq répondants sur six non liés par le RGPD et les États américains ayant des exigences obligatoires ont également instauré une notification obligatoire des personnes concernées.

Graphique 4.2. Nombre de répondants ayant une obligation de déclaration des notifications de violation de données à caractère personnel à une ou plusieurs autorités

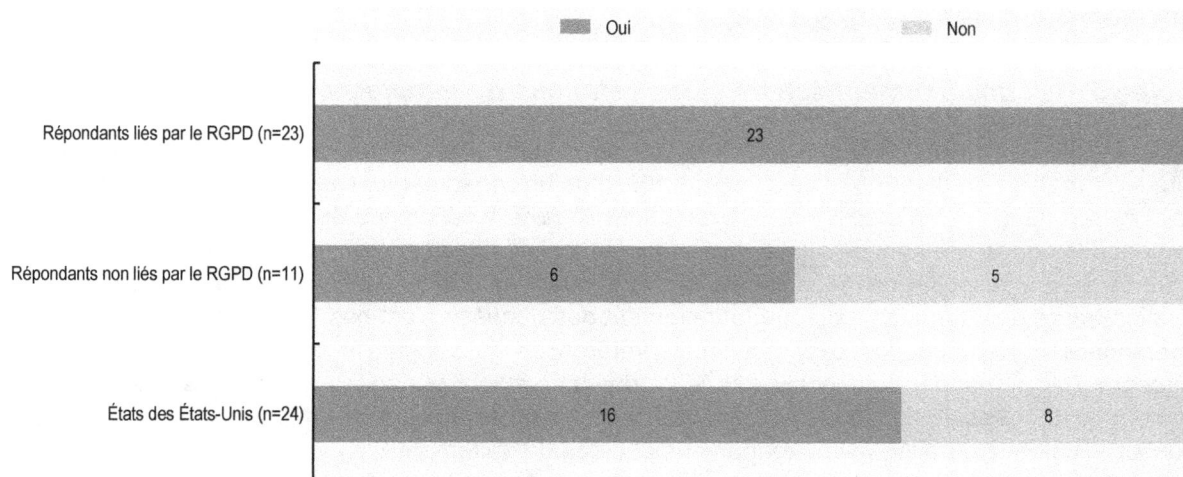

Note : (i) « Les répondants liés par le RGPD » inclut le Royaume-Uni ; (ii) « Les répondants non liés par le RGPD » exclut les États-Unis, et (iii) « Les États américains » inclut les réponses de 23 États américains et d'un territoire américain.
Source : Iwaya, Koksal-Oudot and Ronchi (2021[22]), « Promoting Comparability in Personal Data Breach Notification Reporting », https://dx.doi.org/10.1787/88f79eb0-en.

Le rapport de l'OCDE précise les catégories de données que les autorités de protection de la vie privée collectent par le biais des déclarations des notifications de violation de données à caractère personnel. Les données recueillies comprennent non seulement le nombre de notifications de violation de données à caractère personnel signalées, mais aussi la nature de la violation (p. ex., numérique ou non, malveillante ou non, interne ou externe), les causes spécifiques (p. ex., envoi postal, piratage, vol) et les types de données concernées.

Bien que les violations de données sur la santé semblent être en hausse, seuls deux répondants ont déclaré en 2019-20 avoir subi une violation d'un grand ensemble de données nationales sur la santé. Aucune autre information sur les violations n'a été fournie.

Un cabinet d'avocats américain d'envergure internationale compile chaque année des données sur la sécurité des données des clients qu'il représente qui mettent en lumière les menaces de sécurité numérique (BakerHostetler, 2019[23]). Le cabinet en question a déclaré avoir traité plus de 750 cas de violation de données en 2018, dont 25 % au sein d'organisations de soins de santé, notamment des entreprises pharmaceutiques et biotechnologiques. Les raisons les plus courantes d'une violation de données étaient une attaque par hameçonnage (37 %) et un piratage de la sécurité du réseau (30 %). Les attaques par hameçonnage impliquaient le plus souvent un courriel ou un message qui incitait les personnes à fournir des informations de connexion qui étaient ensuite utilisées pour accéder aux données. Les intrusions dans le réseau se produisaient le plus souvent lorsque les serveurs étaient accessibles par l'Internet et non sécurisés et lorsque les appareils dotés de protocoles de transfert de fichiers ou de bureaux à distance n'étaient pas sécurisés. Parmi les autres raisons des violations de données figuraient la divulgation par inadvertance (12 %), la perte ou le vol de fichiers et d'appareils (10 %) ainsi que la mauvaise configuration du système (4 %).

L'incidence des violations de données est également en hausse. Ainsi, aux États-Unis, l'incidence des violations de données de grande ampleur a doublé depuis 2014. Des augmentations particulièrement fortes ont été signalées ces dernières années, notamment une augmentation de 25 % entre 2019 et 2020

(Alder, 2021[24]). En 2020, 67 % des violations étaient liées au piratage et à l'exploitation des vulnérabilités des systèmes informatiques.

La fourniture d'informations claires sur le traitement des données est abordée dans la section consacrée au Principe 7, qui porte sur la transparence.

Principe 5 : le consentement éclairé et les solutions de remplacement appropriées

Les mécanismes de consentement doivent indiquer clairement si le consentement individuel est requis et le critère permettant de déterminer cela ; ce qui constitue un consentement valide et comment il peut être retiré ; les solutions de remplacement et exemptions légales à l'exigence du consentement. Lorsque le traitement des données est fondé sur le consentement, celui-ci doit être éclairé et donné librement, et les personnes doivent disposer de mécanismes leur permettant de donner ou de retirer leur consentement à l'utilisation future des données. Lorsque le traitement des données n'est pas fondé sur le consentement, les personnes doivent pouvoir exprimer leurs préférences, y compris la possibilité de s'opposer au traitement et de demander activement que leurs données soient partagées. Lorsque les demandes de traitement de données ne peuvent être honorées, les personnes doivent être informées des raisons pour lesquelles elles ont été traitées et du fondement juridique du traitement.

La discussion sur le consentement qui a eu lieu au cours de l'atelier international OCDE-Israël de janvier 2021 a été parmi les plus controversées de tous les aspects de la gouvernance qui ont été traités (Magazanik, 2022[9]). Comme l'indique le principe, le consentement n'est pas le seul fondement juridique du traitement des données. Certains participants à l'atelier ont indiqué que si l'on s'appuie sur le consentement donné pendant les soins cliniques ou les travaux de recherche, ledit consentement doit être large (mais pas global). Il s'agit du consentement à de futurs projets de recherche dont les objectifs concrets ne sont pas connus au moment où le consentement est donné. En effet, le renouvellement du consentement des personnes concernées pour de nouveaux usages à des fins de recherche est impossible dans le contexte des données du système de santé qui couvrent l'ensemble de la population, ni pour les ensembles de données de recherche qui sont plus anciens. Les efforts de renouvellement du consentement sont non seulement très onéreux, mais ils produisent également des données qui sont biaisées en faveur des personnes qui sont davantage disposées à répondre, qui n'ont pas déménagé et qui sont toujours en vie. Au niveau du système de santé, il est nécessaire de disposer de données complètes et non biaisées pour le contrôle et la prise de décision ; et dans le cadre de la recherche médicale et du développement d'algorithmes d'apprentissage automatique et d'intelligence artificielle, les données biaisées entraînent des erreurs qui mettent en danger la sécurité des patients et l'équité de traitement (Oliveira Hashiguchi, Slawomirski et Oderkirk, 2021[16]).

Une autre difficulté est que le fait de s'appuyer sur le consentement signifie souvent s'en remettre aux choix de personnes qui n'ont pas le temps, ou la capacité, de donner un consentement éclairé total. La plupart des participants à l'atelier ont privilégié les possibilités pratiques de donner son consentement, tout en admettant le recours à d'autres fondements juridiques, lorsque l'utilisation des données présente des avantages, aux dépens de la déduction artificielle du consentement. En outre, certains participants ont mis en garde contre le fait que le recours au consentement peut s'accompagner d'une moindre attention à la protection de la vie privée à la source et aux mesures de protection de la confidentialité et de la sécurité des données, ce qui accroît le risque de violation des données. Les participants à l'atelier ont convenu qu'il fallait veiller à ce que les personnes soient bien informées de la finalité de l'utilisation de leurs données, afin d'éviter tout dommage consécutif, et la plupart d'entre eux ont également convenu qu'il valait mieux chercher des solutions législatives plutôt que de toujours compter sur le consentement comme fondement juridique pour la collecte et le traitement des données sur la santé.

Peu après la tenue de cet atelier, l'EDPB (Comité Européen de la Protection des Données) a précisé qu'il existe une distinction entre l'exigence bioéthique du consentement éclairé pour participer à des projets de recherche médicale, et les articles 6 et 9 du RGPD précisant que le consentement est l'un des fondements juridiques pour le traitement des données à caractère personnel et reconnaissant les fondements juridiques autres que le consentement, ainsi que les exemptions au consentement explicite, comme autres fondements juridiques à invoquer pour le traitement des données sur la santé à des fins de recherche scientifique ou dans l'intérêt public si le traitement est autorisé par le droit d'un État membre. L'EDPB fait la distinction entre, d'une part, la recherche interventionnelle impliquant la personne humaine et le corps humain, où le fondement juridique est le consentement, et, d'autre part, les données et la recherche de nature non interventionnelle, où d'autres solutions légales de remplacement du consentement peuvent autoriser le traitement (Magazanik, 2022[9]).

Pour la plupart des répondants, la totalité, ou la quasi-totalité, des dix grands ensembles de données nationales à caractère personnel sur les soins de santé inclus dans cette étude sont autorisés par la loi. Treize répondants ont déclaré que 100 % de leurs grands ensembles de données nationales à caractère personnel sur les soins de santé étaient autorisés par la loi, et quatre autres répondants ont déclaré que 85 % ou plus de ces ensembles de données étaient légalement autorisés. Le consentement du patient est rarement l'autorisation légale de création d'un ensemble de données nationales à caractère personnel dans le domaine des soins de santé.

Dans trois pays, à savoir la Norvège, la Corée et l'Australie, le registre national du diabète est autorisé par consentement du patient. Les données nationales sur les soins d'urgence sont autorisées par consentement en Allemagne et aux États-Unis ; les données sur les médicaments délivrés délivrés sur ordonnance sont autorisées par consentement aux États-Unis ; les données sur les soins de longue durée sont autorisées par consentement en Australie et aux États-Unis. Aux Pays-Bas, les médicaments délivrés sur ordonnance et les données du registre des maladies cardiovasculaires sont autorisés par consentement et par le droit. Aux États-Unis, les données sur les soins primaires sont autorisées par consentement. En Corée, il est possible pour le plus proche parent de consentir à l'inclusion d'un dossier dans la base de données sur la mortalité.

Pour davantage de répondants, les patients peuvent refuser explicitement au préalable que les informations les concernant soient incluses dans un ensemble de données nationales sur les soins de santé. Les patients peuvent procéder à ce refus explicite préalable pour la majorité des ensembles de données nationales sur les soins de santé dans trois pays répondants (la France, les Pays-Bas et Singapour) et dans certains États des États-Unis. En France, le refus explicite préalable ne s'applique pas au traitement des données par les organismes publics. Aux Pays-Bas, le refus explicite préalable ne s'applique qu'aux usages des données relatives aux hospitalisations à des fins de recherche et, s'agissant des données sur les patients hospitalisés pour maladie mentale, le refus explicite préalable est proposé pour les diagnostics. Aux États-Unis, la loi HIPPA prévoit une clause de refus explicite préalable, mais la plupart des patients signent un formulaire de divulgation HIPPA qui autorise le partage des données à des fins de recherche. Parmi les autres répondants qui offrent la possibilité de procéder au refus explicite préalable des ensembles de données sur les soins de santé, on trouve l'Australie (registre du diabète), la Belgique (registres du cancer et du diabète), l'Allemagne (soins d'urgence) et la Norvège (registres du diabète et des maladies cardiovasculaires). En Norvège, les patients peuvent également refuser expliciter au préalable que les données des registres du cancer et des soins professionnels de longue durée soient utilisées à des fins de recherche. En Suède, les patients peuvent refuser expliciter au préalable de participer aux registres qualité des maladies cardiovasculaires, mais pas à l'ensemble de données nationales. En Corée, il est possible pour le plus proche parent de refuser l'inclusion d'un dossier dans la base de données sur la mortalité.

Dans sept pays, la quasi-totalité des ensembles de données sont autorisés par un organisme de réglementation de la protection de la vie privée ou un comité d'éthique de la recherche, souvent en marge de l'autorisation législative (l'Australie, la Belgique, le Danemark, la France, la Corée, les Pays-Bas et les États-Unis). Dans trois pays, un organisme de réglementation de la protection de la vie privée ou un comité d'éthique de la recherche a autorisé un ensemble de données nationales sur les soins de santé : le registre du diabète en Norvège, l'ensemble de données sur les médicaments délivrés sur ordonnance au Canada et le registre du cancer au Luxembourg.

En Australie et au Canada, l'autorité pour la création de certains ensembles de données est une relation contractuelle ou concertée entre les autorités nationales et les fournisseurs de données. En Australie, les données sur les patients hospitalisés, les patients hospitalisés pour maladie mentale et les soins d'urgence sont fournies pour les ensembles de données nationales dans le cadre de l'accord national d'information sur la santé conclu avec les fournisseurs de données. Ainsi, le registre du diabète en Australie est élaboré dans le cadre d'un contrat entre le ministère de la Santé et *Diabetes Australia*. Au Canada, l'Institut d'information sur la santé est un collecteur secondaire de données de santé, notamment aux fins de la planification et la gestion du système de santé, notamment de l'analyse et la notification statistiques. Les fournisseurs de données doivent satisfaire aux exigences légales de leur pays respectif, le cas échéant, au moment où les données sont recueillies.

En Australie, s'agissant de l'ensemble de données sur les soins professionnels de longue durée, les fournisseurs de données sont légalement autorisés à fournir des données à l'*Australian Institute of Health and Welfare*. Aux États-Unis, les lois et règlements fédéraux autorisent la collecte de données sur la mortalité, lesquelles sont ensuite communiquées au gouvernement fédéral aux fins de statistiques nationales.

L'autorité pour le partage des données au sein du gouvernement et avec les chercheurs externes

L'enquête 2019/20 posait la question de savoir sous l'égide de quelle autorité les données nationales à caractère personnel sur les soins de santé pouvaient être partagées avec d'autres entités gouvernementales ou des chercheurs externes. Les répondants ont indiqué qu'au Danemark, en Finlande, en Allemagne, en Corée, en Norvège et en Slovénie, le partage des ensembles de données sur les soins de santé est autorisé par la législation en vigueur pour tous les grands ensembles de données sur les soins de santé. En Autriche, en Australie, au Canada, en France, au Japon, au Luxembourg, aux Pays-Bas et aux États-Unis, la législation en vigueur autorise le partage des données pour la plupart des grands ensembles de données sur les soins de santé qui sont partagés. La législation en vigueur autorise le partage d'une minorité d'ensembles de données en Belgique, en Estonie, en Lettonie, à Singapour et au Royaume-Uni (Écosse). En Israël, la législation en vigueur autorise le Bureau central des statistiques à recevoir des ensembles de données de la part du ministère de la Santé. Cependant, le partage des grands ensembles de données sur les soins de santé avec d'autres entités gouvernementales ou des chercheurs externes n'est pas autorisé par la législation en vigueur en Suède, en Irlande et en République tchèque.

L'autorisation du partage d'ensembles de données sur les soins de santé au sein du gouvernement ou avec des chercheurs externes avec le consentement du patient est beaucoup moins répandue. Ce n'est qu'en Lettonie (huit ensembles de données), aux États-Unis (cinq ensembles de données) et au Canada (cinq ensembles de données) que les répondants indiquent que le consentement du patient constitue une autorisation de partage d'une majorité d'ensembles de données sur les soins de santé. Trois grands ensembles de données sur les soins de santé aux Pays-Bas, deux en Corée et en Estonie et un en Australie, en Autriche, en Allemagne, en Norvège et au Royaume-Uni (Écosse) ont été autorisés à être partagés avec le consentement des patients.

Les personnes concernées ont rarement eu la possibilité de refuser explicitement au préalable le partage de grands ensembles de données sur les soins de santé. Seuls les répondants de France, des Pays-Bas et des États-Unis (pour certains États) ont indiqué que la moitié ou plus des grands ensembles de données sur les soins de santé comportaient une clause de refus explicite préalable du partage des données avec des entités gouvernementales ou des chercheurs externes. Des refus explicites préalables de partage de données avec des entités gouvernementales ou des chercheurs externes ont été signalés en ce qui concerne le partage des données du registre du diabète et/ou du registre du cancer en Suède, en Norvège, au Luxembourg et en Australie. La Norvège offre également la possibilité de refuser explicitement au préalable le partage des données sur les soins de longue durée.

Une autorité de protection de la confidentialité des données ou un comité d'éthique de la recherche autorise le partage des données avec des entités gouvernementales ou des chercheurs externes pour tous les ensembles de données sur les soins de santé s'agissant de neuf répondants et pour la majorité des ensembles de données sur les soins de santé s'agissant de sept répondants. Au Royaume-Uni (Écosse), au Luxembourg et en Autriche, cela a été signalé comme une exigence pour le partage d'un ensemble de données sur les soins de santé. Ce type d'approbation n'a pas été signalé pour le partage des ensembles de données sur les soins de santé en République tchèque, au Danemark, en Allemagne et en Irlande.

Autorisation de collecte et d'utilisation des dossiers de santé électroniques

Sur les 27 répondants à l'enquête 2021 sur le DSE, 19 ont indiqué que la législation en vigueur autorise la collecte et l'utilisation des données figurant dans les dossiers de santé électroniques (DSE). Vingt-deux répondants ont indiqué que la législation en vigueur autorise l'extraction de données des DSE pour créer un ensemble de données qui seront transmises au gouvernement aux fins de statistiques et de contrôle. Dix-huit répondants ont indiqué que la législation en vigueur autorise l'échange des données figurant dans le DSE d'un patient entre les professionnels de santé qui traitent le patient et que la législation en vigueur autorise l'extraction des données figurant dans les DSE à des fins de projets de recherche médicale et scientifique approuvés.

Douze répondants ont indiqué que le consentement du patient est le fondement légal pour l'extraction des données des DSE à des fins de recherche médicale ou scientifique ; 12 ont indiqué la même chose pour l'autorisation de l'échange de données entre les professionnels de santé qui traitent un patient ; sept ont indiqué la même chose pour la création d'un DSE ; quatre pour l'extraction de données qui seront transmises au gouvernement aux fins de statistiques et de contrôle. Dans la plupart des cas, l'exigence du consentement vient en complément de l'autorisation légale du traitement. Au Costa Rica, au Danemark, en Allemagne, en Hongrie, au Japon, en Turquie et aux États-Unis, cependant, le consentement est parfois la seule autorisation pour la collecte des DSE et/ou certains usages.

Certains répondants accompagnent l'autorisation légale de traitement des DSE d'une possibilité pour les patients de refuser explicitement au préalable le traitement de leurs données. Quinze répondants ont indiqué que les patients pouvaient refuser explicitement au préalable l'échange des données figurant dans leur DSE avec d'autres professionnels de santé qui les traitent ; 10 répondants ont indiqué que les patients pouvaient refuser explicitement au préalable l'extraction des données des DSE à des fins de recherche médicale et scientifique approuvée, 7 ont indiqué la même chose pour la création d'un DSE, et quatre ont indiqué la même chose pour l'extraction de données qui seront transmises au gouvernement aux fins de statistiques et de contrôle.

Dix-sept répondants ont indiqué que le consentement ou le refus explicite préalable du patient est recueilli par les professionnels de santé et enregistré dans le DSE du patient. Un répondant a indiqué qu'un refus explicite préalable est enregistré dans le DSE par l'opérateur du système de DSE. Quinze répondants ont indiqué que le consentement ou le refus explicite préalable du patient est enregistré par les patients eux-mêmes sur un portail Internet sécurisé dédié aux patients. Une minorité de répondants (9) ont indiqué que le consentement est recueilli par les professionnels de santé sur papier lors de la création d'un DSE. Un répondant a indiqué qu'il existe un site Internet public où les personnes peuvent rechercher leur professionnel de santé et donner leur consentement.

La création de portails Internet dédiés aux patients, où les personnes peuvent accéder à leur dossier médical et interagir avec les professionnels de santé, constitue un moyen prometteur de gérer le consentement et/ou le refus explicite préalable des patients et offre la possibilité de les rendre dynamiques, de sorte que les patients puissent modifier leur consentement ou leur refus explicite préalable au fil du temps. La Turquie propose une démarche intéressante. Ainsi, en utilisant l'application et le portail e-pulse, les patients peuvent formuler un refus explicite préalable. S'ils en décident ainsi, un SMS sera envoyé sur leur téléphone portable lorsqu'un professionnel de santé souhaitera accéder à leurs données.

Principe 6 : les procédures d'examen et d'approbation

Des procédures d'examen justes et transparentes sont essentielles pour répondre aux attentes du public en ce qui concerne l'utilisation appropriée de leurs données médicales personnelles. Les procédures d'examen et d'approbation doivent permettre d'évaluer si le traitement est dans l'intérêt public, s'il est solide, objectif et équitable, s'il est effectué en temps voulu, s'il favorise la cohérence des résultats, s'il est transparent tout en protégeant les intérêts légitimes et s'il est étayé d'un examen multidisciplinaire indépendant.

Dix-sept répondants ont déclaré en 2019/20 qu'une autorité centrale pour l'approbation des demandes de traitement des données médicales personnelles est établie ou prévue.

En Australie, le cadre de gouvernance des données du système *My Health Record*, ainsi que la législation autorisant ce système, ont institué un comité central de gouvernance des données chargé de la gestion des demandes de données émanant du système *My Health Record*. Ce comité de gouvernance n'intervient pas lorsque les demandes concernent d'autres données nationales sur la santé ; la plupart de ces demandes sont approuvées par l'*Australian Institute of Health and Welfare*.

La Finlande est en train de mettre en place une autorité d'autorisation des données sanitaires et sociales (Findata) pour l'approbation des demandes de traitement des données. Le Danemark a créé l'Autorité danoise des données sur la santé.

En Corée, le *Health care Big Data Policy Deliberation Committee* supervise et gère le *Korea Health Industry Development Institute*, qui est chargé de la planification de la stratégie d'information, et la *National Evidence-based Health care Collaboration Agency*, qui est chargée du couplage des ensembles de données.

En Belgique, le Comité de sécurité de l'information (CSI) est chargé de l'approbation des demandes de traitement des données médicales personnelles ; au Luxembourg, la Commission nationale pour la protection des données (CNPD) accorde les approbations ; en France, l'autorité de protection des données (CNIL) approuve la création d'ensembles de données et le traitement des données. De même, en Estonie, l'Inspection de la protection des données approuve les demandes de traitement des données médicales personnelles. Il existe en Estonie des comités d'éthique de la recherche qui participent également à l'approbation des projets. En Israël, le Comité de transmission des données du ministère de la Santé approuve les demandes en coordination avec l'Autorité de protection de la vie privée du ministère de la Justice.

Aux Pays-Bas, les organisations peuvent créer des ensembles de données et peuvent entreprendre des couplages d'ensembles de données à condition que leurs activités répondent aux exigences du RGPD et de la loi sur les traitements médicaux. L'autorité de protection des données évalue si les ensembles de données répondent aux exigences du RGPD. D'autres principes relatifs aux éléments nécessaires des registres qualité sont également fournis par l'organisme national chargé de la supervision du système de dossiers de santé électroniques (NICTIZ).

En Slovénie, les nouveaux ensembles de données doivent être autorisés par la loi et tous les autres cas de traitement de données sont approuvés par le Préposé à la protection des données. De même, en Suède, l'*Ethical Review Authority* approuve les demandes de traitement des données aux fins des projets de recherche ; toutefois, une autorisation légale est requise pour pouvoir créer des ensembles de données polyvalents. En Suède, les dépositaires des données approuvent également les demandes de données de manière indépendante.

En Norvège, il existe des comités régionaux d'éthique de la recherche et un centre national des données de recherche (REK) qui évalue les demandes de traitement des données de santé en termes de méthodes de recherche, d'évaluation des bénéfices/risques et de protection de la confidentialité des données.

Au Canada, les provinces et les territoires disposent de procédures individuelles d'approbation des demandes de traitement des données médicales personnelles. Afin d'encourager la création de connaissances et d'aider les chercheurs, les responsables politiques et les décideurs à utiliser plus efficacement les données pancanadiennes, le Guichet de soutien à l'accès aux données (GSAD) du Réseau de recherche sur les données de santé permet aux chercheurs canadiens qui ont besoin de données multijuridictionnelles de demander des données à une source unique.

En Allemagne, il est prévu d'autoriser l'accès aux données des dossiers de santé électroniques nationaux à des fins de recherche. Toutefois, reste à savoir si une autorité unique chargée de gérer l'accès aux données sera créée à cette fin, ou si cette tâche sera prise en charge par l'organisation actuellement responsable de l'infrastructure e-RH.

En Irlande, la réglementation actuelle prévoit la création d'un Comité de déclaration de consentement chargé de statuer sur les demandes de recherche médicale impliquant des exonérations de consentement. Étant donné que l'Irlande élabore une stratégie d'information, un bureau national d'information sur la santé pourrait être instauré afin d'accorder les autorisations nécessaires aux personnes ou aux organisations qui cherchent à coupler des données et à accéder à des données couplées pour des raisons valables.

En Lettonie, le Centre de prévention et de contrôle des maladies évalue les demandes des chercheurs et des institutions de recherche visant l'utilisation de données identifiables des patients consignées dans les documents médicaux dans le cadre de recherches spécifiques en vertu du Règlement n° 446 du Conseil des ministres qui régit les cas dans lesquels il est impossible d'obtenir le consentement éclairé des patients. Si elles sont approuvées, les données de recherche provenant de différentes sources sont communiquées/mises à disposition au niveau individuel avec un identifiant direct (identifiant personnel, etc.). Les demandes d'extraction de données émanant du système public de contrôle de la qualité et de l'efficacité des soins de santé sont approuvées par un conseil de projet spécial composé de représentants du Centre de prévention et de contrôle des maladies, du Service national de santé, du Service médical d'urgence de l'État et de l'Inspection sanitaire. Dans ce cas, les candidats approuvés accèdent à des données pseudonymisées.

L'*Information Services Scotland (ISS)* définit les critères d'autorisation d'accès aux données dans un environnement sécurisé. Les demandeurs doivent être employés par un organisme agréé et satisfaire d'autres critères, par exemple se former aux obligations en matière de gouvernance de l'information. Les demandeurs cherchant à coupler des ensembles de données peuvent être tenus de demander l'autorisation du *Public Benefit and Privacy Panel* du *NHS Scotland*.

Aux États-Unis, la plupart des professionnels de santé doivent respecter la règle de confidentialité de l'HIPAA, qui fixe une protection de base pour certaines informations de santé identifiables individuellement. La règle autorise, mais n'oblige pas, les professionnels de santé couverts à donner aux patients le choix quant à la divulgation ou à l'échange électronique des informations médicales qui les concernent avec d'autres personnes à des fins essentielles, notamment le traitement, le paiement et le fonctionnement des soins de santé. La règle de confidentialité de l'HIPAA fixe également des normes pour le partage d'informations médicales protégées à des fins de recherche et pour la création et la divulgation d'ensembles de données désidentifiés et limités.

Principe 7 : la transparence par l'information du public

La recommandation recommande que les Adhérents établissent et mettent en œuvre des cadres nationaux de gouvernance des données de santé qui assurent la transparence par des mécanismes d'information publique qui ne compromettent pas la confidentialité et la sécurité des données de santé, ni les intérêts commerciaux

et autres intérêts légitimes des organismes. Les informations publiques doivent comprendre la finalité du traitement, l'intérêt sanitaire général servi, le fondement juridique du traitement, la procédure et les critères utilisés pour l'approbation du traitement, un résumé des décisions d'approbation prises, ainsi que des informations sur la mise en œuvre du cadre national et sur son degré d'efficacité.

La clarté et la transparence contribuent à la protection de la vie privée et de l'autonomie des personnes, tout en garantissant que les responsables du traitement et les utilisateurs des données sont conscients de l'autorité en vertu de laquelle les données peuvent être utilisées et peuvent planifier le développement des programmes de recherche en conséquence.

Vingt-et-un répondants ont déclaré en 2019-20 que pour la totalité ou la plupart des grands ensembles de données sur les soins de santé, il existe une description accessible au public de l'objectif et du contenu de l'ensemble de données, et la plupart ont fourni un lien Internet vers ces informations publiques. Singapour a indiqué qu'une description publique était disponible pour deux ensembles de données ; l'Irlande l'a indiqué pour un ensemble de données.

Dix-sept répondants ont indiqué que la description de la totalité ou de la plupart des ensembles de données sur les soins de santé comprend les intérêts sanitaires généraux que servent les données. Dix-sept répondants ont indiqué que la description de la totalité ou de la plupart des ensembles de données comprend le fondement juridique du traitement : l'Autriche, la Belgique, le Canada, la République tchèque, le Danemark, la Finlande, la France, l'Allemagne, Israël, la Corée, la Lettonie, le Luxembourg, les Pays-Bas, la Norvège, la Slovénie, la Suède et le Royaume-Uni (l'Écosse).

La procédure de demande d'accès aux données et les critères utilisés pour approuver l'accès aux données sont accessibles au public pour la totalité ou la plupart des ensembles de données sur la santé dans 17 pays : l'Australie, la Belgique, le Canada, la République tchèque, le Danemark, la France, l'Allemagne, Israël, le Japon, la Corée, la Lettonie, les Pays-Bas, la Norvège, la Slovénie, la Suède, le Royaume-Uni (l'Écosse) et les États-Unis.

Quatorze répondants ont indiqué que la procédure de demande de couplage des dossiers ou de poursuite du traitement de la totalité ou de la plupart des ensembles de données sur les soins de santé et les critères utilisés pour approuver ces demandes sont accessibles au public : l'Australie, la Belgique, le Canada, le Danemark, la Finlande, la France, Israël, le Japon, la Corée, la Lettonie, les Pays-Bas, la Suède et le Royaume-Uni (l'Écosse).

Lorsqu'on leur a demandé s'il existe un résumé accessible au public des décisions d'approbation du couplage des dossiers ou de la poursuite du traitement des ensembles de données, 10 pays ont répondu par l'affirmative pour la totalité ou la plupart des grands ensembles de données sur la santé : l'Australie, le Danemark, la Finlande, la France, Israël, le Japon, la Corée, la Lettonie, la Suède et le Royaume-Uni (l'Écosse). À la question de savoir si le résumé décrit ou précise le destinataire des données d'un couplage de dossiers approuvé ou de la poursuite du traitement des ensembles de données, seuls le Danemark, la France, Israël, le Japon, la Corée, la Lettonie, la Suède et le Royaume-Uni (l'Écosse) ont répondu par l'affirmative pour la totalité ou la plupart des ensembles de données sur les soins de santé.

Principe 8 : le développement des technologies

La Recommandation recommande aux Adhérents d'établir et de mettre en place des cadres nationaux de gouvernance des données de santé pour l'optimisation du potentiel et la promotion du développement des technologies, comme moyen de permettre la réutilisation et l'analyse des données de santé tout en protégeant la vie privée et la sécurité et en facilitant le contrôle par les individus de l'usage qui est fait de leurs propres données.

L'atelier international OCDE-Israël de janvier 2021 a exploré les technologies de pointe qui favorisent l'accès aux données de santé tout en protégeant la vie privée (Magazanik, 2022[9]). Les concepts et mécanismes émergents comprennent la désidentification, la confidentialité différentielle, le chiffrement homomorphe, les données synthétiques, le calcul multipartite, l'analyse distribuée et l'accès aux données à distance en temps réel. Chacun de ces mécanismes, cependant, dépend du contexte et présente des avantages et des limites uniques.

Les nouvelles technologies pour la gouvernance des données

Les meilleures pratiques en matière de protection de la vie privée à la source impliquent une combinaison de technologies d'amélioration de la protection de la vie privée et de processus et outils d'accès aux données. Le principe de la protection de la vie privée à la source encourage la prise en compte de la protection des données à tous les stades du développement de données, de leur utilisation, de leur partage et de l'accès aux données, ainsi que lors de la conception des systèmes informatiques de gestion des données. Ces principes servent d'outil d'atténuation des risques. L'emploi de « conteneurs » pour le stockage des données à la fois dans les locaux d'une organisation et de façon dématérialisée est un exemple de pratique de protection de la vie privée à la source qui a été soulevé au cours de l'atelier, car les données sont chiffrées lorsqu'elles passent d'un conteneur à l'autre.

Les participants ont discuté du fait que, bien que la désidentification soit essentielle, les techniques de désidentification peuvent toujours rendre les microdonnées vulnérables à un risque de réidentification non approuvée ou malveillante. Les efforts déployés pour atteindre l'anonymat par la désidentification peuvent rendre impossible le couplage de données pour les futures recherches et statistiques, et les données peuvent être si fortement perturbées qu'elles ne sont plus assez granulaires ou précises pour la recherche médicale. Les données pseudonymisées, pour lesquelles les clés de réidentification des données sont stockées séparément et en toute sécurité, peuvent servir à de futures recherches approuvées impliquant des couplages d'ensembles de données. En général, les microdonnées désidentifiées nécessitent des garanties supplémentaires lorsqu'elles sont partagées ou couplées.

Les données synthétiques ne sont pas réelles, et la législation sur la protection des données et la vie privée ne s'applique donc pas à elles. Un participant à l'atelier a fait part de son expérience d'une solution qui permet de générer des données synthétiques à partir de données réelles tout en maintenant l'intégrité des données. Le système génère un rapport décrivant le degré de correspondance entre les données synthétiques et les données réelles. Les cliniciens utilisent le système pour créer leurs propres ensembles de données synthétiques sans avoir besoin que des programmeurs préparent l'ensemble de données pour leur compte. Il convient de signaler que les données synthétiques sont généralement assez précises pour formuler les résultats finaux de la recherche, pour l'apprentissage automatique ou pour l'entraînement des algorithmes d'intelligence artificielle ; il faudra donc toujours obtenir une autorisation éthique d'accès aux données originales et d'exécution des programmes basés sur celles-ci.

Les participants ont discuté de trois solutions différentes pour relever le défi d'entreprendre des études multisites, notamment lorsqu'elles impliquent des données en provenance de plusieurs pays. Dans la première solution, qui a été appliquée par le consortium SCOR pour la recherche sur le COVID-19, le chiffrement homomorphe des ensembles de données médicales à caractère personnel a été appliqué aux fins de partage en toute sécurité des ensembles de données avec d'autres chercheurs qui peuvent appliquer des calculs aux données et recevoir des résultats mais ne peuvent pas voir ou déchiffrer l'ensemble de données. L'inconvénient de cette technique est que les chercheurs ne peuvent pas recenser ou corriger les erreurs relatives aux données sous-jacentes et qu'ils ne peuvent utiliser qu'un ensemble limité de techniques analytiques.

Une deuxième méthodologie du consortium SCOR est le calcul multipartite sécurisé, dans lequel chaque chercheur du consortium peut effectuer des calculs sur son propre ensemble de données médicales personnelles sans divulguer plus de données aux partenaires du consortium que ce qu'ils peuvent apprendre des résultats de la recherche. L'une des limites de cette méthode est qu'elle peut exiger que tous les chercheurs soient en ligne lorsque le calcul est effectué. Le consortium SCOR s'efforce de réduire les contraintes de chacune de ces méthodes en combinant le chiffrement homomorphe et le calcul multipartite pour permettre à tous les membres du consortium d'effectuer des calculs sur toutes les données des partenaires comme si toutes les données étaient stockées à un seul endroit (Raisaro, 2020[25]).

Un problème évoqué lors de l'atelier est que le chiffrement n'est pas considéré comme une anonymisation aux fins d'adhésion à la réglementation en matière de protection de la vie privée, et l'on ne sait pas encore précisément comment le RGPD de l'UE peut appliquer la méthode utilisée par les partenaires du consortium SCOR au sein de l'Europe.

Une autre solution possible était un modèle de données fédéré. Le projet EHDEN favorise la confiance grâce à un cadre d'analyse distribuée où les logiciels ainsi que les programmes d'analyse statistique se rendent là où se trouvent les données, plutôt que d'acheminer les données vers un lac de données central aux fins d'analyse (EHDEN, 2021[26]). Avec cette méthode, les collecteurs de données gardent le contrôle de leurs données à tout moment et la confidentialité et la sécurité des données restent protégées par les exigences légales et les pratiques opérationnelles locales. Les collecteurs de données pseudonymisent également leurs propres données avant qu'elles ne soient analysées. En outre, étant donné qu'il n'y a pas de transfert de données au niveau des dossiers, les risques de sécurité associés sont évités. La clé du succès de cette méthode est le codage des données au sein de la Fédération selon un modèle de données commun (OMOP) qui permet aux programmes analytiques ou au code logiciel de fonctionner sans problème à chaque nœud du réseau. EHDEN est en train de coder plus de 327 millions de dossiers de santé pseudonymisés en provenance de 60 partenaires situés dans 20 pays vers le modèle de données commun OMOP.

Certains participants à l'atelier ont fait valoir que l'avenir est, ou devrait être, basé sur un modèle fédéré de citoyens propriétaires de leurs propres données. D'autre part, d'autres ont fait part de leur préoccupation selon laquelle toutes les techniques analytiques utiles ne devraient pas être appliquées aux données dans un modèle fédéré. Par exemple, le modèle de régression à risques proportionnels de Cox qui est utilisé pour l'analyse de la survie (p. ex., les estimations de la survie au cancer) ne donne pas un résultat non biaisé lorsqu'il est appliqué aux données dans une structure fédérée. Les travaux sur les méthodes permettant de dépasser cette limitation progressent néanmoins (Andreux, 2020[27]).

Les nouvelles technologies analytiques

Un petit nombre de répondants emploient les nouvelles technologies pour accroître la valeur analytique et le potentiel de développement d'informations et d'outils de leurs systèmes de dossiers de santé électroniques. En 2021, huit répondants ont déclaré avoir appliqué l'exploration de données pour trouver ou extraire des données dans leur système de DSE. Huit répondants ont déclaré appliquer des algorithmes d'apprentissage automatique/intelligence artificielle aux données des systèmes de DSE pour obtenir des alertes ou des messages relatifs à la prise en charge des patients ou à la prise de décisions en matière de gestion, et sept ont déclaré utiliser l'analyse prédictive pour les mêmes raisons. Six répondants ont fait état de projets nationaux visant à intégrer ou à coupler les données des DSE à des données génomiques, environnementales, comportementales, économiques ou autres. Les répondants ayant déclaré trois ou quatre de ces nouvelles technologies étaient le Costa Rica, le Danemark, Israël et les Pays-Bas, et les répondants ayant déclaré deux de ces technologies étaient l'Estonie, la Finlande, le Luxembourg, le Portugal et la Suède.

Les répondants ont également investi dans les nouvelles technologies pour gérer la pandémie de COVID-19. En 2021, les répondants à l'enquête sur les DSE ont été interrogés sur la possibilité d'établir une connexion ou d'intégrer les systèmes de DSE afin de suivre et de tracer les patients infectés par le virus SarsCoV2, d'établir des certificats de vaccination contre le COVID-19 et de mener une surveillance post-commercialisation de la sécurité et de l'efficacité des vaccins contre le COVID-19. Dix-neuf répondants ont déclaré utiliser au moins une de ces trois technologies, et sept répondants ont déclaré utiliser les trois (la Turquie, la Slovénie, les Pays-Bas, la Lituanie, Israël, l'Islande et le Danemark). La technologie *blockchain* est également assortie d'usages émergents et potentiels dans le domaine des soins de santé et pose des problèmes en matière de protection des données (OCDE, 2020[17]).

Une discussion plus approfondie sur le développement de nouvelles technologies de renforcement de la protection de la vie privée est présentée dans la section sur le principe 11 – Dispositifs de contrôle et de protection, notamment sur le développement de nouvelles techniques d'analyse diffusées au Royaume-Uni (OpenSAFELY) et en Corée (OHDISI) aux fins d'accroissement de l'accès de la recherche à des données récentes pour répondre à la pandémie de COVID-19.

Principe 9 : suivi et évaluation

Les mécanismes de suivi et d'évaluation devraient permettre de déterminer si les usages faits des données personnelles de santé ont répondu aux objectifs sanitaires voulus dans l'intérêt de la collectivité et ont apporté les bénéfices attendus. Ils devraient notamment suivre et évaluer les conséquences négatives, ce qui inclut les manquements aux lois relatives à la protection des données et de la vie privée et le non-respect des exigences relatives à la sécurité des données, ainsi que les violations et usages abusifs des données.

Les résultats de l'évaluation devraient être utilisés dans un processus d'amélioration continue prévoyant un examen régulier de l'évolution de la disponibilité des données de santé, des besoins de la recherche médicale et des besoins de l'action publique, ainsi qu'un examen des politiques et pratiques mises en œuvre pour protéger la confidentialité et la sécurité des données. Les Adhérents devraient également encourager les organismes chargés du traitement des données de santé à étudier les capacités et les vulnérabilités des technologies qu'ils utilisent.

L'OCDE aide les Membres et non-Membres à suivre leurs progrès en la matière dans le cadre d'un programme d'enquêtes régulières sur le développement, l'utilisation et la gouvernance des données de santé, menées par le Groupe de travail sur la qualité et les résultats des soins de santé sur un cycle de cinq ans. Depuis 2021, l'OCDE propose également aux pays qui le souhaitent de réaliser un examen détaillé de leurs systèmes d'information sur la santé, en utilisant comme cadre analytique la Recommandation du Conseil sur la gouvernance des données de santé.

Les réformes se sont poursuivies dans les différents pays en ce qui concerne le développement, l'utilisation et la gouvernance des données de santé, notamment du fait des changements mis en œuvre pour faire face à la pandémie de COVID-19. Un examen plus poussé de l'action des Adhérents en matière de suivi et d'évaluation serait plus indiqué lors de la prochaine période de suivi de la Recommandation (2022-27).

Principe 10 : la formation et le développement des compétences

La Recommandation recommande aux Adhérents de définir et de mettre en place des cadres nationaux de gouvernance des données de santé établissant un système de formation et de développement des compétences des acteurs du traitement des données personnelles de santé sur les mesures de protection de la confidentialité et de la sécurité des données, tenant compte des normes en vigueur et des techniques existantes en matière de traitement des données.

L'enquête de 2019/20 a demandé aux pays si les organismes chargés de dix grands ensembles de données nationales sur la santé assurent une formation régulière des membres de leur personnel quant à leurs responsabilités en matière de protection de la confidentialité et de la sécurité des données.

Seize pays ont indiqué qu'une formation régulière était assurée au personnel de tous les organismes chargés des grands ensembles de données nationales sur la santé. Au Royaume-Uni (Écosse), c'est le cas pour la majorité des grands ensembles de données nationales sur la santé. Six pays (Norvège, Japon, Israël, Irlande, Allemagne et Estonie) n'ont pas confirmé qu'une formation régulière du personnel était assurée pour la plupart des grands ensembles de données nationales sur la santé.

En Belgique, au Canada, en Corée, en Lettonie et en République tchèque, le personnel est formé à son entrée en fonction, et annuellement par la suite. La formation est annuelle au Danemark et aux États-Unis. Au Royaume-Uni (Écosse), le personnel est formé à son entrée en fonction, puis tous les deux ans. En Slovénie, le personnel reçoit une formation à son entrée en fonction, puis tous les trois ou quatre ans par la suite. Au Luxembourg, la formation est assurée à l'entrée en fonction des agents, puis selon les besoins. À Singapour, les employés sont formés lors de leur affectation à un nouveau poste, ou lorsqu'ils ont accès à un nouvel ensemble de données. La Suède assure une formation aux employés qui sont affectés à un nouveau poste ayant trait aux registres de santé. En Australie, une formation à la protection de la sécurité et de la confidentialité des données est assurée aux nouveaux employés, lorsqu'il y a des changements de législation et à d'autres intervalles réguliers. De même, en Finlande, le personnel est formé à son entrée en fonction puis selon les besoins, par exemple lorsque la législation change.

Une formation est assurée aux nouveaux employés, ainsi qu'à l'ensemble du personnel sur une base annuelle, pour une partie des ensembles de données sur la santé en Estonie (registres du cancer, registres des maladies cardiovasculaires et données sur la mortalité) et pour les registres du cancer au Japon. En Allemagne, une formation est assurée au personnel chargé du traitement des données sur les patients hospitalisés, tous les ans ou tous les deux ans.

En Autriche et aux Pays-Bas, la fréquence de formation du personnel dépend des règles et pratiques internes à chaque organisme. Cela dit, aux Pays-Bas, la plupart des organismes ont indiqué assurer une formation aux membres du personnel à leur entrée en fonction.

Principe 11 : mesures de contrôle et garanties

Les cadres nationaux de gouvernance des données de santé devraient prévoir l'application de mesures de contrôle et de garanties. Le principe 11 définit les mesures de contrôle et garanties applicables au traitement des données personnelles de santé.

- Celles-ci devraient inclure des responsabilités clairement définies, des mécanismes d'audit et des processus formels de gestion des risques incluant l'effacement involontaire, la réidentification et la violation ou d'autres usages abusifs des données.

- Le traitement des données personnelles de santé devrait être uniquement réalisé par des organismes qui assurent à leur personnel chargé du traitement des données une formation appropriée à la confidentialité et à la sécurité des données. Les organismes chargés du traitement des données de santé devraient désigner un ou plusieurs responsable(s) de leur programme relatif à la sécurité de l'information, chargé(s) notamment d'informer leurs employés des obligations qui leur sont faites par la loi.

- Les mesures technologiques, physiques et organisationnelles devraient comprendre : des mécanismes limitant l'identification des individus par la désidentification de leurs données personnelles de santé, tenant compte de l'usage proposé de ces données et permettant leur réidentification lorsque cela est autorisé pour de futures analyses de données ou pour informer un individu de résultats de recherche.

- Les accords de partage des données avec des tierces parties devraient spécifier les arrangements nécessaires pour sécuriser les transferts de données et prévoir des moyens de sanctionner le non-respect des dispositions. Dans la mesure où cela est possible, il convient d'envisager des alternatives au transfert de données, comme des centres d'accès aux données sécurisés ou des installations d'accès aux données à distance.

- Les mesures devraient également inclure des mécanismes fiables de vérification et d'authentification de l'identité des personnes chargées du traitement des données personnelles de santé.

Cette partie présente les résultats de l'enquête 2021 de l'OCDE portant sur l'échange sécurisé de dossiers cliniques électroniques et de l'enquête 2019-20 de l'OCDE qui a posé une série de questions spécifiques aux sous-traitants de 12 grands ensembles de données nationales sur la santé concernant :

- Les responsable(s) désigné(s) chargé(s) de la protection des données
- Le contrôle de l'accès aux données personnelles de santé
- La désidentification des données,
- La gestion des risques
- Les accords de partage des données
- Les transferts de données aux demandeurs agréés
- Les alternatives aux transferts de données : centres de données de recherche et accès aux données à distance

Responsable(s) désigné(s) chargé(s) de la protection des données

Les organismes désignent souvent un ou plusieurs employé(s) pour coordonner et assurer la responsabilité de leur programme relatif à la sécurité de l'information, chargé(s) notamment de les informer, ainsi que leur personnel, quant aux obligations qui leur sont faites par la loi de protéger la confidentialité et la sécurité des données.

Dans la plupart des pays, les dépositaires des données ont désigné un responsable de la protection des données ou de la vie privée pour tous les ensembles de données nationales sur la santé. Dans les pays de l'Espace économique européen, les obligations des responsables de la protection des données au sein des sous-traitants de données sont définies par le Règlement général sur la protection des données (RGPD).

En Allemagne et au Royaume-Uni (Écosse), il y avait un responsable pour la majorité des ensembles de données nationales sur la santé. En Norvège, aucun responsable de la protection des données ou de la vie privée n'a été désigné au sein des organismes chargés des ensembles de données nationales sur la santé. En Irlande, parmi les dépositaires d'ensembles de données nationales sur la santé, seul le dépositaire de l'ensemble de données nationales sur les patients hospitalisés a désigné un responsable de la protection des données.

Les fonctions principales des responsables de la protection des données et de la vie privée au sein des organismes chargés du traitement des données de santé sont similaires d'un pays à l'autre. Ils veillent en premier lieu à ce que tous les aspects du traitement des données personnelles de santé soient conformes aux exigences légales relatives à la protection des données, qui demandent souvent l'élaboration de politiques et de lignes directrices internes et la mise en place d'une offre de formation et de services de conseil au personnel. Certains pays leur confient des responsabilités supplémentaires comme l'utilisation éthique des données à Singapour et aux États-Unis, la désidentification/pseudonymisation des données et la limitation du risque de divulgation des données en Belgique, en Israël, en République tchèque et aux États-Unis, ou encore la cybersécurité en République tchèque.

Contrôle de l'accès aux données personnelles de santé

L'identité du personnel ayant accès aux grands ensembles de données nationales sur la santé est contrôlée et suivie pour la totalité de ces grands ensembles de données dans 14 pays, et pour la plupart d'entre eux dans 4 autres. En Suède, les employés sont autorisés à accéder aux ensembles de données en fonction des besoins et il n'y a pas de suivi de l'utilisation des données, hormis pour les registres du cancer où elle est journalisée. Il n'a pas été rapporté de contrôle et de suivi de l'identité du personnel accédant à la majorité des ensembles de données personnelles nationales sur la santé en Allemagne, en Irlande, en Israël et en Norvège.

La Slovénie a recours à des certificats numériques personnels pour suivre l'identité des personnes ayant accès aux données personnelles de santé. Le Luxembourg restreint l'accès aux personnes autorisées et tous les accès à un ensemble de données sont journalisés. En Lettonie, l'accès n'est autorisé qu'avec les données d'accès à la banque en ligne, un identifiant ou une signature électroniques (pour le système de santé en ligne) ou un nom d'utilisateur associé à un mot de passe (pour les autres systèmes de données de santé). Tous les accès aux données personnelles de santé sont vérifiés. En Finlande, le personnel doit être autorisé à accéder aux données ; l'accès est protégé par mot de passe et l'utilisation est journalisée.

En France, le personnel autorisé peut accéder aux données du Système national des données de santé (SNDS) sur un portail sécurisé qui authentifie les utilisateurs et suit l'utilisation des données. Aux États-Unis, le personnel doit remplir un formulaire de demande d'accès aux données indiquant les dossiers et fichiers qui seront consultés. L'accès aux données se fait par l'intermédiaire d'un centre de données de recherche.

En Corée, seul le personnel autorisé a accès aux données, qui ne peuvent être conservées sur un dispositif de stockage, par exemple une clé USB. L'Estonie restreint également l'accès au personnel autorisé et enregistre l'activité pour certains ensembles de données. Au Canada, l'accès à certains ensembles de données nécessite un identifiant et un mot de passe, tandis que d'autres ensembles de données tiennent des journaux d'accès et d'activité. L'Australie et la République tchèque restreignent l'accès au seul personnel autorisé. En Belgique, il y a un processus de gestion de l'accès aux données.

Le Danemark révise ses pratiques pour faire suite à des changements de réglementation et à une réorganisation des sous-traitants de données de santé.

Désidentification des données

Dix-sept pays ont déclaré en 2019-20 que la totalité de leurs grands ensembles de données de santé sont désidentifiées avant analyse. C'est également le cas de la majorité des ensembles de données de santé dans quatre pays. La Norvège et l'Irlande n'ont pas indiqué que les données étaient désidentifiées avant analyse.

Quinze pays ont indiqué que des pseudonymes sont créés pour remplacer les identifiants directs dans tous leurs ensembles de données nationales sur la santé et quatre pays ont indiqué que cette pratique concernait la plupart de leurs ensembles de données sur la santé. Les pseudonymes réversibles facilitent la réidentification pour la réalisation de futures analyses ou de futurs couplages de données autorisés ou pour informer un individu d'une situation particulière ou de résultats de recherche, le cas échéant.

Gestion des risques

En 2019-20, treize pays ont indiqué disposer d'une procédure d'évaluation du risque de réidentification des données pour la totalité ou la majorité de leurs ensembles de données de santé. En revanche, 10 pays ne mènent pas d'évaluation du risque de réidentification des données, ou ne le font que pour un ou deux ensembles de données de santé.

Neuf pays ont répondu qu'il existait des pratiques pour le traitement des variables qui posent un risque de réidentification (comme les maladies rares, les dates exactes, les lieux ou les origines ethniques) pour la totalité de leurs ensembles de données nationales sur la santé. Dix autres pays ont indiqué que cela n'était pas le cas pour la plupart de leurs ensembles de données nationales sur la santé. Quatre pays n'ont pas fait état de telles pratiques (Autriche, Irlande, Norvège et Slovénie).

Le Royaume-Uni (Écosse) a indiqué mettre en œuvre des techniques de protection contre la réidentification de données, parmi lesquelles la restructuration de tableaux, la suppression de valeurs et la permutation de données. Singapour a recours à la suppression de données, au regroupement de valeurs et à la redistribution aléatoire des valeurs. Le Canada a recours à la suppression de données, à la troncature et au regroupement des valeurs, et pour les données relatives à la mortalité, aux arrondis en base 5. Le Japon et l'Australie regroupent et suppriment des valeurs. Israël, la Lettonie, le Luxembourg et la République tchèque regroupent des valeurs. L'Estonie a indiqué procéder à des suppressions de valeurs, notamment lorsque les variables représentent moins de cinq cas. Le Danemark arrondit les valeurs et supprime les variables qui représentent moins de cinq cas. La Belgique et le Royaume-Uni ont indiqué qu'ils regroupent, suppriment et masquent des données ; en Belgique, certaines données sont limitées aux seules données agrégées et aux États-Unis, des fichiers de données à accès restreint sont créés. La Corée regroupe et supprime des valeurs. Aux Pays-Bas, la plupart des dépositaires de données ont affirmé procéder à des regroupements de valeurs, et certains à des suppressions de valeurs. L'Allemagne n'utilise pas les dates exactes dans les registres du cancer et le Japon regroupe et supprime des valeurs dans les registres du cancer.

Peu de pays effectuent des tests sur la totalité ou la majorité des ensembles de données pour s'assurer que des attaques réalistes de réidentification n'auront qu'une très faible probabilité de succès : la Corée, le Danemark, les États-Unis, la France, le Royaume-Uni (Écosse) et Singapour (annexe B.40). L'Allemagne, la Belgique, le Luxembourg, les Pays-Bas et la Suède effectuent ces tests sur certains de leurs ensembles de données de santé.

En Suède, les efforts se concentrent sur la prévention des intrusions dans les données. Toutes les données de la Direction nationale de la santé et des affaires sociales sont gérées et placées sur un réseau/des serveurs distincts. L'accès au réseau est surveillé et nécessite une connexion. Il est géré d'une manière similaire aux registres du diabète. Il y a quelques années, des pirates éthiques ont été engagés pour tester la solidité de la protection contre l'intrusion. La France a indiqué qu'elle testait la réidentification en utilisant des informations extérieures La France et la Suède ont indiqué qu'elles faisaient porter leurs efforts sur la prévention des intrusions dans les données en assurant un stockage et un accès sécurisé ainsi que des contrôles d'accès.

La Corée utilise une technique de chiffrement qui rend les données inintelligibles à toute personne ne possédant pas la clé de déchiffrement correspondante ; elle teste le risque de déchiffrement non autorisé. Le Danemark emploie une méthode similaire à celle de la Corée lorsque les données sont destinées à être transmises à des chercheurs extérieurs. Le Luxembourg procède à des audits de sécurité des données pour les registres du cancer. Les Pays-Bas utilisent un logiciel conçu pour détecter le risque de réidentification des données sur la mortalité. La Belgique a indiqué procéder à des évaluations du risque de divulgation des données pour s'assurer que les données diffusées comportent au minimum cinq cas par cellule. Singapour effectue des tests sur le processus de désidentification des données. Le Danemark a indiqué que les méthodes de test sont en cours de développement.

Accords de partage des données

Dix-huit pays ont indiqué avoir conclu un accord standard de partage des données aux fins de la divulgation des données issues de la totalité ou de la majorité de leurs ensembles de données de santé (annexe B.49). L'Irlande indique avoir recours à un accord standard de partage des données pour un ensemble de données. L'Autriche, l'Estonie, la Norvège et la République tchèque n'ont pas indiqué avoir recours à des accords standard de partage des données.

Les accords standard de partage des données requièrent l'application d'un certain nombre de pratiques destinées à assurer la confidentialité et la sécurité des données sur le site du destinataire des données pour la totalité ou la majorité des ensembles de données sur la santé partagés par 16 pays (Autriche,

Belgique, Canada, Corée, Danemark, États-Unis, Finlande, France, Israël, Japon, Luxembourg, Pays-Bas, Royaume-Uni (Écosse), Singapour, Slovénie et Suède).

Les éléments requis sont par exemple les suivants :

- Personnel qualifié,
- Stockage sécurisé des données,
- Utilisation des données conformément aux lois applicables,
- Utilisation des données limitée aux seules fins autorisées,
- Sécurisation du site physique dans lequel les données sont conservées.
- Restriction de l'accès aux données par un serveur sécurisé (accès à distance),
- Accès aux données limité au personnel autorisé,
- Respect de la date de destruction des données,
- Pas de couplage non autorisé des données,
- Pas de partage non autorisé des données,
- Pas de tentative de réidentification des données,
- Application des règles de divulgation aux statistiques et aux résultats de recherche publiés,
- Formation à la protection de la confidentialité et de la sécurité des données et
- Adhésion aux normes nationales ou internationales de sécurité informatique.

Sept pays ont indiqué assurer une formation aux destinataires des données sur les pratiques relatives à la confidentialité et à la sécurité des données lorsque la totalité ou la majorité des ensembles de données sur la santé sont partagés : l'Autriche, la Corée, le Danemark, les États-Unis, la Finlande, la France et le Royaume-Uni (l'Écosse). L'Estonie assure une formation pour le partage des registres du cancer et des données sur la mortalité, les Pays-Bas pour le partage des données sur les personnes hospitalisées pour maladie mentale et des données sur la mortalité, et l'Irlande pour le partage des données sur les personnes hospitalisées.

Les États-Unis assurent une formation en ligne. En Estonie, la formation se déroule en présentiel. Des sessions ou formations individuelles ont lieu aux Pays-Bas et en Finlande. La France exige que la formation ait lieu avant la délivrance de l'autorisation d'accès aux données. Le Royaume-Uni (Écosse) assure une formation sur les prescriptions en matière de recherche établies par le Conseil de la recherche médicale, les dispositions du RGPD et la protection de la confidentialité des données.

L'enquête a demandé aux pays si les accords de partage des données comportaient des sanctions en cas de non-respect des pratiques requises pour assurer la protection de la confidentialité et de la sécurité des données. Des sanctions sont intégrées aux accords standard de partage des données en Allemagne, en Australie, au Canada, en Corée, en Estonie, aux États-Unis, en Finlande, au Japon, en Lettonie, au Luxembourg, aux Pays-Bas, au Royaume-Uni (Écosse), à Singapour et en Suède.

Transferts de données aux demandeurs agréés

Il a été demandé aux pays s'ils transféraient les données aux demandeurs agréés, par exemple en envoyant une copie d'un ensemble de données. Cette méthode est employée pour transférer la totalité des ensembles de données sur la santé aux demandeurs agréés dans 11 pays et pour transférer certains grands ensembles de données sur la santé dans 9 autres pays. En 2019/20, quatorze pays ont indiqué disposer de portails/protocoles sécurisés de transfert de fichiers pour l'échange de données par Internet (l'Allemagne, l'Australie, la Belgique, le Canada, la Corée, le Danemark, les États-Unis, la Finlande, l'Irlande, Israël, le Luxembourg, les Pays-Bas, le Royaume-Uni (l'Écosse) et Singapour).

Quelques pays procèdent à un chiffrement des données et les envoient au destinataire sur clé USB ou sur CD : la Suède, la Slovénie, la Lettonie et le Japon. En Estonie, les données chiffrées peuvent être envoyées par courrier électronique, au moyen d'un mécanisme de transfert sur le cloud et sur clé USB. Au Canada, les données sont parfois chiffrées et envoyées sur un CD tandis qu'en Corée, elles sont parfois envoyées sur clé USB.

Alternatives aux transferts – accès aux données à distance et centres de données de recherche

Les alternatives au transfert de données à des tierces parties incluent les centres d'accès aux données sécurisés et les installations d'accès aux données à distance. En 2019-20, 11 pays sur 23 fournissaient un accès sécurisé à la totalité ou à la majorité des ensembles de données nationales désidentifiées sur la santé, par un accès aux données à distance, un centre de données de recherche ou les deux (Autriche, Corée, Danemark, États-Unis, France, Israël, Luxembourg, Pays-Bas, Royaume-Uni (Écosse), Singapour et Slovénie).

L'accès aux données à distance est un service donnant accès à des données stockées sur un ordinateur ou sur un réseau depuis un lieu éloigné. Les services d'accès aux données à distance sont souvent sécurisés pour que les utilisateurs ne puissent avoir accès qu'aux données qu'ils sont autorisés à consulter, et qu'ils ne puissent modifier ou retirer/copier les données du système sans autorisation.

Six pays donnent accès à la totalité ou à la plupart des grands ensembles de données sur les soins aux demandeurs externes agréés, par le biais d'une installation d'accès à distance : le Royaume-Uni (l'Écosse), le Luxembourg, la Corée, la France, le Danemark et l'Autriche. La Suède et la Belgique donnent un accès à distance aux registres du diabète. L'Allemagne et les Pays-Bas assurent un accès à distance aux données sur les personnes hospitalisées. Les Pays-Bas proposent également ce service pour l'accès aux données sur les patients hospitalisés pour maladie mentale, aux registres des maladies cardiovasculaires et aux données sur la mortalité. La Finlande assure ce service pour les données sur la mortalité. L'Australie propose un accès à distance aux données sur les soins primaires et aux données sur les médicaments délivrés sur ordonnance par l'intermédiaire d'un entrepôt de données d'entreprise.

Un centre de données de recherche est un environnement physique sécurisé (une pièce, par exemple) au sein duquel l'accès aux données est octroyé. Les centres de données de recherche peuvent être équipés de dispositifs de sécurité physiques, comme un système de surveillance et un verrouillage des portes, ainsi que de dispositifs de sécurité informatique et de sécurité des données, par exemple des systèmes informatisés faisant en sorte que les utilisateurs ne puissent accéder qu'aux données qu'ils sont autorisés à consulter, et qu'ils ne puissent modifier ou retirer/copier des données du système sans autorisation.

Il existe un centre de données de recherche pour la totalité ou la plupart des ensembles de données sur la santé dans sept pays : la Corée, le Danemark, les États-Unis, Israël, le Royaume-Uni (l'Écosse), Singapour et la Slovénie (annexe B.52). L'Australie met à disposition un centre de données de recherche pour les données sur les soins primaires, les données sur les médicaments délivrés sur ordonnance et les données sur les soins de longue durée ; l'Autriche propose ce service pour les données sur les patients hospitalisés, les registres du cancer et les données sur la mortalité, les Pays-Bas pour le registre des maladies cardiovasculaires, les données sur les soins de longue durée et les données sur la mortalité et le Canada pour les registres du cancer et les données sur la mortalité. Quelques autres pays mettent à disposition un centre de données de recherche pour un seul ensemble de données : la Suède pour les registres du diabète, l'Allemagne pour les données sur les patients hospitalisés, la Finlande pour les données sur la mortalité et la Belgique et le Luxembourg pour les registres du cancer.

Les autorités nationales australiennes ont recours à des laboratoires de données accessibles à distance pour l'analyse des données recueillies en routine, ce qui permet aux chercheurs de se connecter à distance et d'analyser les données de manière sécurisée. Pour les registres du diabète en Belgique, l'accès aux données se fait à distance par l'intermédiaire de bureaux virtuels équipés du logiciel SAS Enterprise Guide, connectés à un serveur SAS et une base de données DB2. Au Luxembourg, un environnement infonuagique du secteur public est utilisé pour créer un bureau numérique par projet, où les demandeurs agréés accèdent aux données par l'intermédiaire du réseau interne de l'État ou d'un RPV avec authentification forte des utilisateurs. En Suède, le service d'accès à distance aux données des registres du diabète est le SODA (*Secure Online Data Access*, accès sécurisé aux données en ligne). Les utilisateurs de ce service ne peuvent pas télécharger ou copier des données, mais uniquement réaliser des analyses de données.

Aux Pays-Bas, les données sur les patients hospitalisés et les données sur les patients hospitalisés pour maladie mentale sont accessibles par un service d'accès aux données à distance du Bureau central de la statistique. Un service d'accès aux données à distance pour les données sur les soins de longue durée est proposé au sein de l'Institut Vektis. Des centres de données de recherche sont mis à disposition pour les registres des maladies cardiovasculaires et les données sur la mortalité.

En France, la loi limite le traitement des données aux environnements conformes aux exigences de sécurité. L'accès aux données nationales de santé désidentifiées se fait par des plateformes d'accès à distance mises à disposition par les organismes qui respectent ces exigences de sécurité. Les données administratives couplées sur la santé (SNDS) sont accessibles par une plateforme gérée par la CNAM (SNDS). D'autres plateformes offrent également un accès à distance aux données de santé comme la plateforme d'accès aux données hospitalières gérée par l'Agence technique de l'information sur l'hospitalisation (ATIH) et une plateforme donnant accès à un vaste ensemble de données économiques et sociales par l'intermédiaire du Centre d'accès sécurisé aux données (CASD) pour le compte de plusieurs organismes publics.

En Autriche, le centre de données de recherche sécurisé est le SafeCentre, mis en place par Statistics Austria. En Corée, le système d'analyse à distance est géré par le Service national d'assurance maladie (NHIS) et le Service d'examen et d'évaluation de l'assurance maladie (HIRA).

Aux États-Unis, l'accès aux données médicales personnelles désidentifiées (données à accès restreint) est assuré au sein des centres de données de recherche du *National Centre for Health Statistics*, qui dispose de quatre sites sur la côte est, ainsi que par un réseau de centres de données de recherche statistique implantés sur tout le territoire, géré par le Bureau du recensement des États-Unis.

En Belgique, dans le centre de données de recherche pour les registres du cancer, les utilisateurs ont accès à un ordinateur relié à un système qui donne accès aux seuls ensembles de données autorisés et ne permet pas de télécharger ou de copier des données sans autorisation. En Slovénie, les utilisateurs ont accès à plusieurs progiciels standard (SPSS, SAS, MS) dans une pièce spécifique d'un bâtiment sécurisé sans connexion Internet.

La Finlande a créé une nouvelle autorité chargée des permis d'accès aux données de santé et sociales (Findata) pour encourager l'utilisation secondaire de données de santé et données sociales, faciliter le processus de délivrance des autorisations d'accès aux données et protéger la confidentialité et la sécurité des données. Dans le cadre de cette initiative, la Finlande met en place un service d'accès aux données à distance qui donnera accès à la majorité des ensembles de données nationales.

Au Canada, l'Institut canadien d'information sur la santé établit un environnement analytique sécurisé offrant aux chercheurs et autres utilisateurs de données un accès virtuel aux données des ensembles de données nationales sur la santé. Cet environnement offrira également un accès plus rapide aux données et une sécurité accrue grâce à des améliorations de la désidentification. Au Canada, certains ensembles de données sur la santé sont accessibles par l'intermédiaire des centres de données de recherche de Statistique Canada, répartis sur tout le territoire.

De manière générale, le nombre d'analystes ayant accès à des données sur la santé dans des centres de données de recherche ou par l'intermédiaire de services d'accès à distance aux données varie beaucoup d'un ensemble de données à l'autre. La Corée et la France sont les pays qui comptent le plus d'utilisateurs externes de données sur une année. La Corée a indiqué que plus de 3 000 analystes externes ont accès aux données nationales de santé du NHIS et de l'HIRA (1 500 chacun) par an. Depuis 2017, la France a reçu 450 demandes d'accès aux données administratives couplées sur la santé (SNDS). L'Australie a indiqué que plus de 1 000 analystes extérieurs avaient accès aux données sur les soins de longue durée chaque année, mais qu'il y avait moins d'accès aux données relatives aux personnes hospitalisées (100) et aux soins d'urgence (50). Les États-Unis ont indiqué que plus de 1 000 analystes externes avaient accès aux données sur la mortalité. Le nombre d'utilisateurs externes variait selon les ensembles de données sur la santé, de 1 à 500 aux Pays-Bas, de 33 à 300 en Suède, de 10 à 100 en Finlande, de 5 à 83 par an au Canada, de 4 à 20 en Estonie et de 2 à 20 en Slovénie ; il était proche de 40 en Allemagne, et inférieur à 100 à Singapour.

Accès aux données pour la recherche sur le COVID-19

En 2020 et 2021, les efforts se sont multipliés pour mettre en place des mécanismes sécurisés permettant aux chercheurs de consulter et d'utiliser des données de santé. On trouvera ci-dessous des exemples d'initiatives visant à améliorer l'accès aux données et l'utilisation des données à des fins de recherche, tirés de l'enquête 2021 de l'OCDE sur les évolutions de la gouvernance des données de santé découlant de la pandémie de COVID-19 (« enquête COVID-19 »).

En Angleterre, le *National Health Service* a travaillé en partenariat avec une société privée (Palantir) pour mettre au point une plateforme *Foundry* permettant le développement rapide et personnalisé de tableaux de bord de données, ainsi qu'un outil de gestion sécurisée des demandes d'accès aux données et des flux de données. Avant la pandémie, le NHS d'Angleterre s'était lancé dans la mise en place d'environnements de recherche sécurisés (TRE, *trusted research environments*) intégrant dans leurs critères de conception la protection de la vie privée des personnes dont ils détiennent les données de santé et facilitant l'analyse de données à grande échelle par calcul hautes performances (NHS Digital, 2021[28]). Les chercheurs agréés qui signent un accord de partage de données bénéficient d'un environnement sécurisé d'accès aux données à distance doté d'outils d'analyse et d'interrogation parmi lesquels Databricks (prenant en charge les langages SQL et Python) et RStudio (langage de programmation statistique). Les chercheurs signataires du même accord de partage des données peuvent travailler avec leurs collègues dans des fichiers de projet partagés, au moyen de l'outil souhaité. Des vérifications de la conformité du produit final prévu aux exigences de protection des données sont effectuées avant d'autoriser les exportations de données. Durant la pandémie de COVID-19, l'environnement de recherche sécurisé a été étendu de manière à inclure les données relatives au COVID-19 et notamment les données sur la vaccination fournies par le Bureau des statistiques nationales.

Au Royaume-Uni (Angleterre), le projet OpenSAFELY permet d'accélérer la réalisation de travaux de recherche utilisant les dossiers cliniques électroniques des médecins généralistes (OpenSAFELY, 2021[29]). OpenSAFELY est une plateforme logicielle open source sécurisée pour l'analyse des données des dossiers de santé électroniques. Les chercheurs agréés mettent au point des codes pour l'analyse statistique à partir de données fictives et d'outils et services ouverts comme GitHub. Leur code est testé automatiquement par les outils OpenSAFELY : lorsqu'il est exécutable, il est appliqué à des données de patients réels dans un environnement de données réelles. Les chercheurs ne peuvent visualiser que leurs tableaux et graphiques de résultats et non les données des patients réels et n'ont pas accès à l'environnement où sont conservées les données réelles. Toute l'activité de la plateforme est enregistrée dans des journaux visibles par le public. Les codes utilisés pour la gestion et l'analyse de données sont communiqués en vue d'un examen scientifique et de leur réutilisation. Le logiciel OpenSAFELY a été déployé dans les centres sécurisés de données des deux principaux fournisseurs de dossiers de santé électroniques.

Avant la pandémie, le Pays de Galles bénéficiait déjà de l'appui d'une plateforme internationalement reconnue pour le couplage des données de santé et des données d'autres secteurs (éducation et prestations à caractère social, par exemple). La base de données SAIL (*Secure Anonymised Information*

Linkage) assure un stockage sécurisé et fiable de données personnelles désidentifiées à des fins de recherche pour améliorer la santé, le bien-être social et les services. Au Pays de Galles, la e-cohorte Multimorbidités (WMC) a été mise en place pour contribuer à l'analyse des conséquences des maladies chroniques multiples en en mesurant la prévalence, les trajectoires et les déterminants, ainsi que pour aider à identifier les groupes de maladies qui provoquent le plus de décès et créent les besoins les plus importants en matière de soins de santé. La WMC a été adaptée en vue de la réalisation d'analyses rapides permettant de guider les mesures de lutte contre le COVID-19 au Pays de Galles. Grâce à la WMC, de nouveaux ensembles de données désidentifiés ont été mis à disposition sur la plateforme SAIL, incluant les données de recensement du Bureau des statistiques nationales (ONS) ainsi que des données sur le personnel des établissements scolaires, la fréquentation scolaire, les symptômes du COVID-19, la vaccination, les personnes auxquelles il est recommandé de s'auto-isoler, les résultats des tests, le suivi et le traçage ainsi que le séquençage des virus. Les décideurs ont ainsi bénéficié d'une analyse de la pandémie au moment opportun et les chercheurs d'une disponibilité accrue des données, soumises aux processus stricts de demande d'accès aux données et de gouvernance des données de la banque de données SAIL.

Au Royaume-Uni, *Public Health Scotland* a travaillé en collaboration avec des établissements d'enseignement supérieur pour créer une vaste bibliothèque de données pour la recherche sur le COVID-19 en Écosse. Cette bibliothèque de données sur le COVID-19, consultable dans son intégralité, limite les doubles emplois et permet aux décideurs, aux chercheurs et au public de trouver et d'utiliser plus facilement les résultats de recherche.

La Suède a mis en place deux procédures accélérées, la première pour le traitement des demandes d'accès aux données et statistiques des principaux détenteurs de données à des fins de recherche sur le COVID-19 et la seconde pour les demandes adressées aux comités d'évaluation éthique concernant les projets de recherche sur le COVID-19 et les autorisations d'essais cliniques.

L'Australie a apporté des améliorations au système existant de demande d'accès aux données pour faciliter l'obtention de données, notamment en permettant aux chercheurs de bénéficier d'un accès aux ensembles de données couplées dans le cadre d'un système de « guichet unique ». Un mécanisme de partage des données désidentifiées avec un institut de recherche australien a également été mis en place pour faciliter la modélisation et appuyer la formulation de recommandations supplémentaires au gouvernement. Le Département de la santé du gouvernement australien poursuit un certain nombre de projets visant à faciliter l'accès des chercheurs aux données de santé désidentifiées en Australie, dont lesquels des mises à niveau des formulaires de demande de données, des outils d'évaluation des risques et des infrastructures de TIC et des protocoles d'accord avec les agences de statistiques du gouvernement australien. Ces mises à niveau ont pour but de clarifier et de rationaliser les procédures à suivre par les chercheurs pour pouvoir accéder aux données de santé australiennes et les utiliser à des fins de recherche.

En Espagne, les données anonymisées du système relatif aux résultats des tests, du système de vaccination, du système d'occupation et de capacité hospitalières, du système SIVIES et d'autres ont été communiquées aux universités publiques dans le cadre d'un processus automatisé pour fournir des données d'entrée aux modèles de prédiction. En Italie, l'Agence nationale des services régionaux de santé (Agenas) a mis en place en collaboration avec l'École d'études avancées de Pise, un système d'évaluation de la capacité de résilience du système national de santé qui vise à mesurer la capacité des différents systèmes régionaux à maintenir leur niveau de prestation de services durant la pandémie de COVID-19.

Aux États-Unis, le dépôt de données des centres de contrôle et de prévention des maladies (CDC) (Data.CDC.gov) donne au public un accès à 69 ensembles de données spécifiques au COVID-19, dont trois ensembles de données de surveillance des cas de COVID-19. Des données détaillées à accès restreint sur la surveillance des cas de COVID-19 ont également été établies : ce sont des données désidentifiées au niveau du patient, qui incluent des données cliniques, des données sur les symptômes, des données démographiques ainsi que le lieu et le comté de résidence. Ces données au niveau du patient sont transmises aux Centres pour le contrôle et la prévention des maladies (CDC) par les États et d'autres entités déclarantes autonomes. Un processus d'enregistrement simple et sécurisé permet d'accéder aux données à des fins de recherche ; un accord d'utilisation des données et des informations sur les demandes d'accès aux données sont disponibles sur le site data.cdc.gov. L'ensemble de données est stocké dans un dépôt sécurisé GitHub.

En Corée, le Service d'examen et d'évaluation de l'assurance maladie (HIRA) a créé et partagé des ensembles de données médicales personnelles sur le COVID-19 pour la collaboration internationale en matière de recherche. Les données de santé relatives au traitement des maladies infectieuses ont été conservées au sein du réseau fermé de l'HIRA et ont été codées conformément au modèle commun de données OMOP. Les chercheurs n'avaient accès qu'au schéma des données (structure et variables) pour préparer des programmes statistiques (codage) ou présenter des demandes via un outil spécifique (ATLAS). Cette initiative est une application partielle de la recherche décentralisée sur la base du modèle commun de données (CDM) dans le cadre du projet OHDSI, qui ne communique pas les données proprement dites mais les éléments contextuels. Cette approche a pour avantage d'ouvrir l'accès aux données à un grand nombre de chercheurs nationaux et internationaux à des fins de recherche collaborative tout en protégeant la sécurité et la confidentialité des données au sein de l'HIRA. La simplification de la procédure de demande et la dispense d'examen par l'IRB rendent l'accès aux données plus rapide. Le Service national d'assurance maladie (NHIS) couple et désidentifie les données des demandes nationales de prestations d'assurance maladie avec les données sur les cas confirmés de COVID-19 et les données sur la vaccination et les effets indésirables de l'Agence coréenne de contrôle et de prévention des maladies (KDCA) et met l'ensemble de données à la disposition des chercheurs extérieurs dans un environnement fermé. Par ailleurs, le Comité public d'évaluation éthique (IRB) de l'Institut national coréen chargé de la politique en matière de bioéthique a pris la décision de ne pas soumettre les travaux de recherche sur le COVID-19 à un examen par l'IRB pour que les données puissent être utilisées plus rapidement.

Échange sécurisé de dossiers cliniques électroniques

Si curieux que cela puisse paraître compte tenu du volume croissant de données, en 2021 seuls 8 pays sur 26 ont indiqué que les données des dossiers de santé électroniques étaient stockées ou traitées au moyen de services infonuagiques (l'Australie, la Corée, les États-Unis, Israël, le Japon, le Luxembourg, les Pays-Bas et le Portugal). La majorité des pays gèrent encore les dossiers de santé électroniques au moyen de serveurs publics dédiés.

Quatorze pays ont indiqué avoir recours au chiffrement des données cliniques lors des échanges, pour protéger la confidentialité et la sécurité des données. Neuf pays ont indiqué que les échanges de données cliniques se font par un réseau sécurisé dédié. Parmi les mesures de sécurité mises en œuvre pour ces réseaux figurent l'identification par signature numérique (le Danemark), la signature numérique par carte à puce (le Luxembourg, les Pays-Bas), l'authentification à plusieurs facteurs (le Canada, l'Italie, les Pays-Bas, la Suisse), la vérification d'identité par certificat numérique (le Japon, la Lituanie), les coffres-forts virtuels pour l'échange de données (Israël), le chiffrement des canaux (l'Italie) et les protocoles de sécurité IP et *Internet Key Exchange* (le Japon). Quelques pays ont également recours à la désidentification et à la pseudonymisation des données (l'Italie), voire à l'anonymisation des données (le Costa Rica).

Les pays ont indiqué les méthodes qu'ils utilisent pour protéger les données des dossiers de santé électroniques contre les accès non autorisés, le piratage et les logiciels malveillants. Celles-ci incluent les analyses antivirus, les pare-feux, les contrôles d'accès, les journaux d'accès, les journaux des modifications, la déconnexion automatique, la mise à jour régulière des logiciels, la séparation des réseaux, la vérification du matériel et des bases de données, la sécurité physique du matériel en réseau, la formation du personnel à la sécurité des données et notamment au repérage des tentatives d'hameçonnage et des logiciels malveillants, les tests d'intrusion (piratage éthique), la recherche de vulnérabilités, la supervision par les autorités nationales de la cybersécurité des sous-traitants de données et les plans de continuité d'activité et de reprise après sinistre.

Principe 12 : démonstration par les organisations de la satisfaction aux attentes nationales

Les cadres nationaux de gouvernance des données de santé mis en place par les Adhérents devraient exiger des organisations chargées du traitement des données personnelles de santé qu'elles démontrent leur satisfaction aux attentes nationales en matière de gouvernance des données de santé. Cela pourrait nécessiter la mise en place d'une certification ou d'une accréditation des responsables du traitement des données de santé.

L'Enquête 2019-20 de l'OCDE a posé aux dépositaires de 13 grands ensembles de données nationales sur la santé des questions détaillées sur les éléments de la Recommandation du Conseil sur la gouvernance des données de santé. Ainsi, les résultats de l'Enquête, publiés dans leur intégralité, fournissent un mécanisme permettant de repérer les lacunes et les écarts dans les performances des organisations les plus importantes de chaque répondant qui gèrent des données sur la santé et les soins de santé (Oderkirk, 2021[10]).

La plupart des répondants comptent 3 à 5 organisations en charge des 13 grands ensembles de données sur la santé examinés. Toutefois, en Irlande et aux Pays-Bas, on compte 9 organisations différentes en charge des grands ensembles de données nationales, et 7 en France. Ces répondants risquent d'avoir beaucoup plus de difficultés que d'autres à intégrer et à coupler les données d'un bout à l'autre du parcours de soins, les lois et les politiques régissant l'accessibilité et le partage des données sur la santé devant être prises en compte et appliquées par de multiples organisations.

Dans l'Enquête 2019-20, l'Australie a été le seul pays à indiquer une obligation, pour ses autorités publiques, d'être accréditées en tant qu'autorités d'intégration pour pouvoir entreprendre des projets d'intégration de données à haut risque, tels que le couplage de dossiers d'ensembles de données nationales (Commonwealth). L'accréditation garantit que l'intégration des données se fera de manière sûre et sécurisée.

Comme nous l'avons vu dans cette section, les mesures les plus fréquemment citées sont la mise en œuvre de lois ou de règlements favorisant l'interopérabilité des données de santé, la certification des fournisseurs de logiciels de systèmes de dossiers médicaux électroniques afin d'améliorer l'interopérabilité et l'audit de qualité du contenu des dossiers cliniques.

Législation exigeant l'adoption de systèmes de dossiers médicaux électroniques conformes aux normes nationales

Dans l'Enquête 2021, 18 répondants ont fait valoir qu'il existait des lois ou des règlements exigeant que les prestataires de soins de santé respectent les normes d'interopérabilité nationale des dossiers médicaux électroniques. Dix-sept répondants ont signalé que les lois ou les règlements imposent certaines normes relatives aux messages électroniques, et 17 autres ont indiqué que les lois ou les règlements imposent des normes d'ordre terminologique.

Tableau 4.6. Lois ou règlements exigeant des normes d'interopérabilité applicables aux DME

Répondant	Lois ou règlements exigeant des normes de terminologie clinique	Lois ou règlements exigeant des normes de messagerie électronique	Lois ou règlements exigeant le respect, par les prestataires de soins de santé, des normes d'interopérabilité nationale des DME
Australie	Non	Non	Non
Autriche	Oui	Oui	Oui
Belgique	Non	Non	Non
Canada	Non[3]	Non[3]	Non[3]
Costa Rica	Oui	Oui	Oui
Rép. tchèque	n.c.	n.c.	n.c.
Danemark	Non	Non	Oui
Estonie	Oui	Oui	Oui
Finlande	Oui	Oui	Oui
Allemagne	n.c.	n.c.	n.c.
Hongrie	Oui	Oui	Oui
Islande	Oui	Oui[1]	Oui
Israël	Oui[2]	Non	Non
Italie	Oui	Oui	Oui
Japon	Oui	Oui	Oui
Corée	Oui	Oui	Oui
Lituanie	Oui	Oui	Oui
Luxembourg	Non	Oui	Oui
Mexique	n.c.	n.c.	n.c.
Pays-Bas	Oui	Non	Non
Norvège	n.c.	n.c.	Oui
Portugal	Non	Oui	Non
Féd. de Russie (non-Adhérent)	Oui	Oui	Oui
Slovénie	Oui	Oui	Oui
Suède	n.c.	n.c.	n.c.
Suisse	Oui	Oui	Oui
Turquie	Oui	Oui	Oui
États-Unis	Oui[4]	Oui[4]	Oui[5]
Total Oui	17	17	18

Note : n.c. non communiqué // s.o. sans objet // nsp : ne sait pas Information inconnue.
1. La loi recommande l'utilisation des DME.
2. Pour le diagnostic.
3. Varie selon les provinces et les territoires.
4. Règle du Bureau du coordinateur national des technologies de l'information de la santé (ONC)
5. Règle des centres de services de *Medicare* et *Medicaid* (CMS)
Source : Enquête 2021 de l'OCDE sur le développement, l'utilisation et la gouvernance des systèmes de dossiers médicaux électroniques.

Certification des fournisseurs de logiciels de systèmes de dossiers médicaux électroniques

Dans le cadre de l'Enquête 2021 sur les DME, 16 répondants ont dit disposer d'un processus de certification pour les fournisseurs de logiciels de systèmes de dossiers médicaux électroniques qui exige leur conformité à des normes particulières d'échange d'informations de santé (messagerie électronique). Treize répondants ont fait état d'un processus de certification exigeant le respect de normes nationales en matière de terminologie clinique, tandis que 13 ont déclaré certifier les fournisseurs du point de vue de la conformité aux exigences ou aux normes d'interopérabilité nationale des DME.

Bien qu'il ne s'agisse pas d'une certification nationale des fournisseurs de logiciels, le remboursement des dépenses médicales exige que ceux-ci respectent certaines exigences en matière de terminologie et d'échange en Israël. Au Luxembourg, il existe un processus national d'identification des fournisseurs de logiciels en ce qui concerne l'accès au système national de DME. En Italie, il n'existe aucune exigence nationale de certification ; en revanche, chaque région peut imposer ses propres exigences. En Slovénie, la certification a été légalement autorisée, bien qu'elle n'ait pas encore été mise en œuvre en raison de contraintes liées aux ressources. Toutefois, pour se connecter au système national de DME dans ce pays, les fournisseurs doivent utiliser des API (interfaces de programmation applicative) normalisées à l'échelon national.

Tableau 4.7. Exigences de certification des fournisseurs de logiciels de systèmes de DME

Répondant	Conformité à des normes particulières en matière de terminologie clinique	Conformité à des normes particulières en matière de messagerie électronique	Conformité à des exigences ou normes d'interopérabilité nationale des DME
Australie	Non	Oui	Non
Belgique	Oui	Oui	Oui
Canada	Non	Non[5]	Oui[1]
Costa Rica	Non	Non	Non
Rép. tchèque	Non	Non	Non
Danemark	Oui	Oui	Oui
Estonie	Non	Non	Non
Finlande	Oui	Oui	Oui
Allemagne	n.c.	n.c.	n.c.
Hongrie	Oui	Oui	Oui
Islande	Non	Non	Non
Israël	Non	Non	Non
Italie	Non	Non	Non
Japon	Oui	Oui	Oui
Corée	Oui	Oui	Oui
Lituanie	Non	Non	Non
Luxembourg	Non	Non	Non
Mexique	n.c.	n.c.	n.c.
Pays-Bas	Oui	Oui	Non
Norvège	Non	Non	Non
Portugal	Oui[3]	Oui[3]	Oui[3]
Féd. de Russie (non-Adhérent)	Oui	Oui	Oui
Slovénie	Oui	Oui	Oui
Suède	Non	Oui	Non
Suisse	Oui[2]	Oui[2]	Oui[2]
Turquie	Oui	Oui	Oui
États-Unis	Oui[4]	Oui[4]	Oui[4]
Total Oui	13	15	13

Note : n.c. non communiqué // s.o. sans objet // nsp : ne sait pas Information inconnue.
1. Indications facultatives.
2. Certification des communautés utilisant un logiciel de DME.
3. Les services d'ordonnances électroniques sont certifiés.
4. La certification est volontaire, mais requise pour le traitement des demandes de remboursement de frais médicaux par les programmes d'assurance nationaux (Medicare, Medicaid).
5. Varie selon les provinces et les territoires.
Source : Enquête 2021 de l'OCDE sur le développement, l'utilisation et la gouvernance des systèmes de dossiers médicaux électroniques.

Audits portant sur la qualité des dossiers cliniques

Un autre mécanisme permettant de vérifier si les données de santé répondent aux attentes nationales au chapitre de la qualité des données consiste à réaliser des audits des dossiers cliniques. Dans le cadre de l'Enquête 2021 sur les DME, 13 répondants ont indiqué que les dossiers cliniques électroniques des médecins, des spécialistes médicaux et des hôpitaux faisaient l'objet d'audits visant à en vérifier la qualité. D'après trois autres répondants, au moins un de ces trois groupes fait l'objet de tels audits. Dans la plupart des cas, il incombe à une autorité nationale de réaliser ces audits de qualité. Au Canada et en Suède, des autorités régionales sont chargées des audits. En Suisse, des organisations du secteur privé peuvent obtenir une certification leur permettant de mener des audits dans le cadre de la certification de la conformité des communautés aux exigences nationales, y compris l'audit de la qualité des dossiers cliniques. Les prestataires de soins de santé sont tenus par la loi américaine de produire des rapports d'audit sur la qualité de leurs dossiers cliniques et de garantir la qualité des données fournies.

Tableau 4.8. Audits portant sur la qualité des dossiers médicaux électroniques

Répondant	Médecins	Médecins spécialistes	Hôpitaux	Tous
Australie	Oui	Oui	Oui	Oui
Belgique	Non	Non	Oui	Oui
Canada	Oui	Oui	Oui	Oui
Costa Rica	Oui	Oui	Oui	Oui
Rép. tchèque	Non	Non	Non	Non
Danemark	Oui	Oui	n.c.	Oui
Estonie	Non	Non	Non	Non
Finlande	n.c.	n.c.	n.c.	n.c.
Allemagne	n.c.	n.c.	n.c.	n.c.
Hongrie	Oui	Oui	Oui	Oui
Islande	Oui	Oui	Oui	Oui
Israël	Oui	Oui	Oui	Oui
Italie	n.c.	n.c.	n.c.	n.c.
Japon	n.c.	n.c.	n.c.	n.c.
Corée	Non	Non	Non	Non
Lituanie	Non	Non	Non	Non
Luxembourg	Non	Non	Non	Non
Mexique	Oui	Oui	Oui	Oui
Pays-Bas	Oui	Oui	Oui	Oui
Norvège	n.c.	n.c.	n.c.	n.c.
Portugal	Oui	n.c.	Oui	n.c.
Féd. de Russie (non-Adhérent)	Oui	Oui	Oui	Oui
Slovénie	Non	Non	Non	Non
Suède	Oui	Oui	Oui	Oui
Suisse	Oui	Oui	Oui	Oui
Turquie	Oui	Oui	Oui	Oui
États-Unis	Oui	Oui	Oui	Oui
Total Oui	15	14	15	13

Note : n.c. non communiqué // s.o. sans objet // nsp : ne sait pas Information inconnue.
Source : Enquête 2021 de l'OCDE sur le développement, l'utilisation et la gouvernance des systèmes de dossiers médicaux électroniques.

Deuxième recommandation : la coopération internationale

La deuxième recommandation préconise le soutien, par les Adhérents, d'une coopération internationale dans le traitement des données médicales personnelles pour la gestion du système de santé, la recherche, les statistiques et d'autres fins liées à la santé, sous réserve de certaines garanties. Les gouvernements devraient identifier et supprimer les obstacles à la coopération internationale dans le traitement des données personnelles de santé, faciliter l'interopérabilité des cadres de gouvernance des données de santé et promouvoir une amélioration continue passant par l'échange de résultats et de meilleures pratiques en matière de disponibilité et d'utilisation des données personnelles de santé, à des fins servant l'intérêt public.

Dans le cadre de l'Enquête 2019-20, on a demandé aux répondants interrogés de signaler les projets récents d'action publique impliquant plusieurs pays dans le couplage des ensembles de données ou dans l'extraction de données des systèmes de dossiers cliniques. Il s'agissait notamment d'études parallèles, où les chercheurs de chaque pays suivaient un protocole d'étude commun, et d'études où les données étaient partagées au-delà des frontières. Les projets signalés par les Adhérents comprenaient des études sur l'utilisation et les méfaits des médicaments sur ordonnance entre l'Australie et le Canada ; entre les États-Unis et le Canada ; entre le Danemark, la Finlande, la Norvège et la Suède ; et entre l'Australie, les États-Unis, le Danemark, la Finlande, l'Islande, la Norvège et la Suède. On a cité certains exemples d'élaboration d'indicateurs et de recherche visant à améliorer les performances des systèmes de santé, notamment des projets entre la Lettonie et la Slovénie, entre le Japon et d'autres pays d'Asie, et entre la Finlande, la Hongrie, l'Italie, les Pays-Bas, la Norvège, le Royaume-Uni (l'Écosse) et la Suède. Plusieurs projets mondiaux et européens examinant l'incidence et la survie du cancer ont également été décrits ; enfin, de nombreux exemples de projets européens impliquant l'élaboration d'indicateurs et la recherche ont été donnés.

Les lois et politiques de localisation des données créent des obstacles aux projets transfrontaliers

Les cadres de protection des données et de la vie privée imposent généralement des conditions au transfert de données de santé à des fins de recherche à l'étranger, dans un effort pour garantir en permanence un niveau élevé de protection des données transférées (Magazanik, 2022[9]). À cet égard, les discussions portent souvent sur la relation entre les cadres de protection des données et de la vie privée et les exigences de « localisation des données », c'est-à-dire sur la question de savoir si les exigences imposées par les lois sur la confidentialité des données sur les flux internationaux de données personnelles équivalent à une forme quelconque de localisation des données.

Il n'existe à l'heure actuelle aucune définition universellement acceptée de la notion de localisation des données. S'appuyant sur une série de définitions, l'OCDE a récemment proposé, cependant, la caractérisation suivante :

> *« La localisation des données fait référence à une exigence juridique ou administrative obligatoire stipulant directement ou indirectement que les données doivent être stockées ou traitées, de manière exclusive ('la copie des données ne peut sortir') ou non exclusive ('la copie des données doit rester'), dans une juridiction spécifiée (Svantesson, 2020[30]). »*

Cette définition de la localisation des données opère une distinction entre les conditions imposées aux transferts transfrontaliers de données et les « interdictions » de transferts transfrontaliers de données. L'exigence de localisation des données, en accord avec cette définition, concerne l'obligation de localisation, l'accent étant mis sur le fait que les données doivent être stockées ou traitées sur des serveurs physiques ou des unités de stockage numérique se trouvant dans une juridiction donnée. Il s'agit d'une question distincte des exigences relatives à un niveau de protection prescrit, par exemple les normes de protection des données ou de cybersécurité qui peuvent être imposées dans le but d'atteindre des objectifs légitimes de protection de la vie privée comme condition aux transferts transfrontaliers de données.

Les mesures susceptibles de persuader une organisation de localiser ses données dans une juridiction particulière sont relativement répandues, ayant pour but d'atteindre des objectifs légitimes comme la protection des données personnelles, la cybersécurité, le maintien de l'ordre et la sécurité nationale, et de garantir l'accès à certaines catégories de données jugées particulièrement sensibles ou étroitement liées à un intérêt gouvernemental important. En général, les exigences traditionnellement prévues par les lois sur la confidentialité des données au chapitre des transferts internationaux de données n'équivalent pas forcément à une localisation des données (Svantesson, 2020[30]).

Il n'en reste pas moins que dans certains pays de l'OCDE, les régimes de localisation des données interdisent explicitement aux responsables du traitement des données de santé d'approuver le partage de données de santé avec une organisation située à l'extérieur de leur pays, ou créent des obstacles, par exemple en manquant de clarté quant aux modalités d'approbation du partage de données au-delà des frontières nationales (Svantesson, 2020[30]).

Les régimes de confidentialité existants peuvent également donner lieu à des procédures d'approbation des transferts de données de santé prohibitives en termes de temps et de ressources. Dans les pays fédéraux, les lois et les politiques des États, des provinces ou des régions peuvent ancrer la localisation des données au niveau national.

Dans l'Enquête 2019-20, les Adhérents se sont vu demander si les données désidentifiées des principaux ensembles de données nationales sur la santé pouvaient être partagées avec des chercheurs agréés travaillant dans un établissement universitaire ou un organisme de recherche à but non lucratif à l'étranger. Sept pays, soit l'Australie, la Belgique, le Danemark, la Finlande, la Norvège, Singapour et la Slovénie, ont indiqué que les données désidentifiées issues de tous les ensembles de données sur la santé pouvaient être partagées aux fins de recherches approuvées à l'étranger. Six autres pays ont répondu que le partage de données à l'étranger était possible pour la majorité des ensembles de données sur la santé. Un nombre très restreint d'ensembles de données désidentifiées sur la santé pourraient être partagés au-delà de la frontière en Autriche et en Lettonie.

L'Australie a fait remarquer que si, d'une part, un tel partage est possible, d'autre part, il ne serait autorisé que pour les données de santé impossibles à réidentifier, et qu'on n'a jamais vu de partage de ce type dans le monde réel. Les chercheurs australiens en mesure de démontrer l'approbation de leurs travaux par le comité d'éthique approprié devraient pouvoir accéder en toute sécurité aux données désidentifiées. Pour garantir une utilisation des données sécuritaire et appropriée, toutefois, des processus d'approbation complexes, de longue haleine, pourraient être nécessaires. Il en résulte dans la pratique des limitations dans l'accès et l'utilisation de ces données.

Le Canada a indiqué qu'un tel partage était possible au niveau national, pourvu qu'il ne soit pas interdit par la loi provinciale ou par les modalités des accords de partage de données conclus avec les fournisseurs de données. De façon similaire, l'Allemagne a indiqué qu'en raison de sa structure fédérale, les lois sur la protection des données des États locaux et les lois régissant les hôpitaux peuvent interdire le partage des données avec des entités étrangères à l'intérieur comme à l'extérieur des frontières nationales. Voilà autant d'illustrations de l'importance de l'harmonisation des cadres d'action au sein des pays.

Les données des registres du cancer sont les données nationales les plus susceptibles d'être partagées à l'échelle internationale. Quatorze pays ont indiqué qu'ils autorisent le partage des données désidentifiées des registres nationaux du cancer avec des chercheurs étrangers agréés d'établissements universitaires et d'organisations à but non lucratif. Outre la riche expérience en matière de collaboration internationale dans la recherche sur le cancer, cela démontre qu'un environnement politique et législatif donnant accès à des données pertinentes pour la recherche a pu être instauré avec succès. Cela montre également qu'avec suffisamment de volonté politique et de coordination des efforts, il est possible de partager des données médicales personnelles désidentifiées à des fins secondaires.

On note toutefois que dans certains pays, aucune donnée nationale clé désidentifiée sur la santé ne peut être partagée avec des chercheurs étrangers. Huit pays, à savoir la République tchèque, l'Irlande, Israël, le Japon, la Corée, la Suède, le Royaume-Uni (Écosse) et les États-Unis, n'approuvent pas le partage de données désidentifiées issues des 13 principaux ensembles de données nationales sur la santé avec un chercheur étranger des secteurs universitaire ou à but non lucratif. Les États-Unis ne restreignent généralement pas les transferts internationaux de données, même si certains risques extraterritoriaux touchant le respect de la vie privée doivent être pris en compte (Magazanik, 2022[9]). Les États-Unis ont indiqué que, si les chercheurs étrangers n'ont pas accès aux ensembles de données nationales désidentifiées sur la santé au niveau des personnes (ensembles de données restreints), certains de leurs besoins en matière de recherche peuvent tout de même être satisfaits par l'accès aux fichiers de microdonnées à usage public, qui sont des ensembles de données dont les variables ont été traitées pour garantir un très faible risque de réidentification.

Tableau 4.9. Dans certains pays, les chercheurs d'établissements universitaires et d'organisations à but non lucratif étrangers peuvent se voir accorder l'accès à des données médicales personnelles désidentifiées

Possibilité d'approbation de l'accès à 10 grands ensembles de données nationales désidentifiées sur la santé

Répondant	Données sur les patients hospitalisés	Données sur les patients hospitalisés pour maladie mentale	Données sur les soins d'urgence	Données sur les soins primaires	Données sur les médicaments délivrés sur ordonnance	Données des registres du cancer	Données des registres du diabète	Données des registres des maladies cardiovasculaires	Données sur la mortalité	Données officielles sur les soins de longue durée	% d'ensembles de données nationales sur la santé
Australie	Oui[1]	Oui[1]	Oui[1]	Oui[1]	Oui[1]	Oui[1]	Oui[1]	s. o.	Oui[1]	Oui[1]	100%
Autriche	Oui	Non	Non	Non	Non	Oui	s. o.	Non	Oui	Non	33%
Belgique	Oui	Oui	Oui	Oui	Oui[3]	Oui	Oui	s. o.	s. o.	s. o.	100%
Canada	Oui[2]	Oui[2]	Oui[2]	n.c.	Non	Oui	s. o.	s. o.	Oui[4]	Oui[2]	75%
Rép. tchèque	Non	Non	Non	s. o.	Non	Non	Non	Non	Non	s. o.	0%
Danemark	Oui	Oui	Oui	Oui	Oui	Oui	Oui	Oui	Oui	Oui	100%
Estonie	Oui	Oui	Oui	Oui	Oui	Oui	s. o.	Non	Oui	Oui	89%
Finlande	Oui[7]	Oui[7]	Oui[7]	Oui[7]	Oui[7]	Oui[7]	s. o.	Oui[7]	Oui[7]	Oui[7]	100%
France	Oui	Oui	Oui	Oui	Oui	Non	s. o.	Non	Oui	Oui	78%
Allemagne	Oui	s. o.	s. o.	s. o.	Non	Oui	s. o.	s. o.	s. o.	s. o.	67%
Irlande	n.c.	n.c.	n.c.	s. o.	n.c.	n.c.	s. o.	s. o.	n.c.	n.c.	0%
Israël	Non	Non	Non	Non	s. o.	Non	Non	s. o.	Non	Non	0%
Japon	Non	Non	Non	Non	Non	Non	s. o.	s. o.	Non	Non	0%
Corée	Non	Non	Non	Non	Non	Non	Non	s. o.	Non	Non	0%
Lettonie	Non	Non	Non	Non	Non	Oui	Oui	s. o.	Oui	s. o.	38%
Luxembourg	Oui[5]	Oui[5]	s. o.	Non	Non	Oui	s. o.	s. o.	Oui[6]	Non	57%
Pays-Bas	Non	Non	Oui	Oui	Oui	Oui	Non	Oui	Oui	Non	60%
Norvège	Oui	Oui	Oui	Oui	Oui	Oui	Oui	Oui	Oui	Oui	100%
Singapour (non-Adhérent)	Oui	Oui	Oui	Oui	Oui	Oui	Oui	Oui	Oui	Oui	100%
Slovénie	Oui	Oui	Oui	Oui	Oui	Oui	s. o.	s. o.	Oui	s. o.	100%
Suède	Non	Non	Non	s. o.	Non	Non	Non	Non	Non	Non	0%
Royaume-Uni (Écosse)	Non	Non	Non	Non	Non	Non	Non	Non	Non	Non	0%
États-Unis	Non	n.c.	Non	Non	Non	n.c.	n.c.	n.c.	Non	Non	0%

Note : s.o. : sans objet ; n.c. : non communiqué ; nsp : ne sait pas.
1. Éventuellement oui, mais seulement s'il est impossible de réidentifier les données ; nous n'avons connaissance d'aucun arrangement de cette nature à ce jour.
2. Sauf si la loi ou un accord l'interdit.
3. Données sans risque de réidentification.
4. Les données sont partagées avec l'OMS.
5. Oui pour l'ensemble de données de l'assurance maladie nationale et de la Direction de la santé.
6. Les données sont partagées avec Eurostat.
7. Sous réserve d'autorisation.
Source : Oderkirk (2021[10]), « Résultats de l'enquête : Infrastructure et gouvernance des données de santé au niveau national », https://doi.org/10.1787/55d24b5d-en.

Dans le cadre de l'Enquête 2019-20, Israël a déclaré que les politiques de confidentialité limitent l'approbation du partage des données en dehors du pays, mais que des mécanismes sont en place pour permettre le partage dans des conditions convenues. On préfère toutefois fournir un accès à l'information et aux résultats de recherche.

En vertu du Règlement général européen sur la protection des données (RGPD), les microdonnées désidentifiées peuvent toujours être considérées comme des données à caractère personnel qui bénéficient d'une protection. L'accès à distance aux données personnelles désidentifiées étant considéré comme un transfert au titre du RGPD, les restrictions du Règlement relativement aux transferts internationaux de données s'appliquent à de nombreux mécanismes disponibles pour fournir aux chercheurs étrangers de bonne foi un accès aux données de santé aux fins de recherches ou de statistiques approuvées (Magazanik, 2022[9]). Dans l'Enquête 2019-2020, l'Allemagne et les Pays-Bas ont désigné comme un obstacle au partage des données les efforts déployés en vue de satisfaire aux exigences du RGPD.

Troisième recommandation : échange de données et interopérabilité

La troisième recommandation met de l'avant une collaboration des gouvernements avec des organisations et des experts compétents pour développer des mécanismes conformes à la présente Recommandation, permettant l'échange et l'interopérabilité des données de santé de façon efficiente, tout en protégeant la vie privée, y compris, selon qu'il conviendra, des codes, des normes et la normalisation de la terminologie relative aux données de santé.

Comme nous l'avons vu précédemment, les répondants emploient un vaste éventail de normes terminologiques nationales et internationales. En 2021, 17 répondants ont dit utiliser la norme HL7 FHIR, qui offre une approche moderne de l'interopérabilité et pourrait aider à résoudre les problèmes liés à l'utilisation de plusieurs normes pour les mêmes modalités dans les pays. Dans la mesure où il existe une collaboration mondiale dans le développement et la mise en œuvre des interfaces de programmation applicative (API) de la norme FHIR, cette dernière peut faciliter la normalisation au niveau mondial.

Il est encourageant de constater que les répondants ont déclaré participer à des travaux de collaboration mondiale en vue de l'élaboration de normes internationales convenues pour la terminologie clinique et l'échange de données (messagerie électronique). En 2021, 15 répondants ont déclaré participer à l'initiative internationale *Integrating the Health care Enterprise*, et 10 répondants, au *Global Digital Health Partnership* (Tableau 4.10).

De nombreux travaux sont en cours au sein de l'Union européenne (UE) en vue d'améliorer l'accessibilité, le partage et l'utilisation des données de santé qui, s'ils sont couronnés de succès, auront une influence sur l'évolution de la collaboration mondiale en matière de partage, d'utilisation et de protection des données de santé. Un projet clé de l'UE est l'Infrastructure de services numériques dans le domaine de la santé en ligne (eHDSI) pour l'échange transfrontalier de données de santé dans le cadre du Connecting Europe Facility (CEF), appuyant l'échange de données de DME au niveau national et la fourniture de services de base au niveau de l'UE. Un autre projet d'importance est l'Action commune pour l'espace européen des données de santé (TEHDAS). TEHDAS élabore actuellement des principes européens pour l'utilisation secondaire des données de santé, s'appuyant sur le développement réussi des centres de données sur la santé dans quelques pays, comme la France et la Finlande. Il compte en outre développer la gouvernance des données de santé et les règles relatives à l'échange international de données, améliorer la qualité des données et fournir une infrastructure technique et une interopérabilité solides (EC, 2021[31]). L'Espace européen des données de santé a le potentiel de devenir un puissant fédérateur entre les différents centres de données nationaux, en mettant de l'avant les normes d'interopérabilité et les meilleures pratiques de partage des données dans toute l'Union européenne, et en établissant un cadre de gouvernance cohérent.

Tableau 4.10. Collaborations mondiales pour les échanges et les normes terminologiques

Répondants	IHE (Integrating the Healthcare Enterprise) International	Global Digital Health Partnership	Projets de l'UE visant à faciliter le partage et l'utilisation des données de DME entre les États membres de l'UE
Australie	Non	Oui	Non
Autriche	Oui	Oui	Oui
Belgique	Oui	Non	Oui
Canada	n.c.	Oui	Non
Costa Rica	Non	Non	Non
Rép. tchèque	Oui	n.c.	Oui
Danemark	Oui	Non	Oui
Estonie	Oui	Oui	Oui
Finlande	Oui	Non	Oui
Allemagne	n.c.	n.c.	Oui
Hongrie	Non	Non	Oui
Islande	Non	Non	Oui
Israël	Non	Non	s. o.
Italie	Non	Non	Oui
Japon	Oui	Oui	Non
Corée	Non	Oui	Non
Lituanie	Oui	Non	Oui
Luxembourg	Oui	Non	Oui
Mexique	n.c.	n.c.	n.c.
Pays-Bas	Oui	Oui	Oui
Norvège	n.c.	n.c.	Oui
Portugal	Oui	Oui	Oui
Féd. de Russie (non-Adhérent)	n.c.	n.c.	n.c.
Slovénie	Non	Non	Oui
Suède	Oui	Non	Oui
Suisse	Oui	Oui	Non
Turquie	Oui	Non	Oui
États-Unis	Oui	Oui	Non
Total Oui	15	10	18

Note : n.c. non communiqué // s.o. sans objet // nsp : ne sait pas Information inconnue.
Source : Enquête 2021 de l'OCDE sur le développement, l'utilisation et la gouvernance des systèmes de dossiers médicaux électroniques.

L'Enquête 2021 a aussi interrogé les répondants sur le codage des données de santé selon des modèles de données communs qui facilitent les projets statistiques et de recherche nationaux. En 2021, cinq répondants ont déclaré coder les données de leurs systèmes de DME selon un modèle de données commun. Lorsque le modèle de données commun a une portée internationale, comme dans le cas du modèle commun de données OMOP (Observational Medical Outcomes Partnership), ces efforts de codage permettent d'obtenir des données comparables au niveau international pour un large éventail d'utilisations en recherches et en statistique. Certaines applications de l'OMOP ont été signalées par l'Australie et Israël en 2021. Comme nous l'avons vu dans la section sur le Principe 11, HIRA en Corée a codé des données de santé couplées, y compris les données sur les demandes de remboursement de l'assurance nationale de HIRA, dans le but de favoriser un accès sécurisé à des données actuelles pour la recherche mondiale sur le COVID-19 dans le cadre du projet OHDISI. La France procède au codage des données du Health Data Hub vers le modèle de données commun OMOP dans le cadre du projet EHDEN.

5 Synthèse et conclusions

Mise en œuvre

La Recommandation propose une feuille de route facilitant l'harmonisation des approches de la gouvernance des données de santé entre les Adhérents. Les résultats d'ensemble présentés dans ce projet de rapport montrent que de nombreux Adhérents continuent d'œuvrer à sa mise en œuvre (Graphique 5.1). Parmi les Adhérents ayant obtenu les scores les plus faibles en termes de disponibilité, de maturité et d'utilisation des ensembles de données, tout l'enjeu consiste à rendre les données disponibles à des fins de recherche et de statistique, et il reste beaucoup à faire pour élaborer des politiques et des pratiques de collaboration entre les autorités gouvernementales en matière de conservation des données de santé essentielles. En outre, des travaux et des investissements considérables sont nécessaires pour améliorer la qualité, le couplage et le partage des données avec les chercheurs au bénéfice de la santé publique. Parmi les Adhérents ayant obtenu les scores les plus faibles en termes de gouvernance des données, il reste des lacunes à combler en matière de protection de la confidentialité et de la sécurité des données pour les principaux ensembles de données de santé. Pour ce faire, il conviendrait de nommer un responsable de la protection des données et d'assurer la formation du personnel, de mettre en place des contrôles d'accès, de gérer les risques de réidentification et de protéger les données lorsque celles-ci sont couplées et accessibles.

L'enquête réalisée en 2019-20 a permis d'identifier un petit groupe d'Adhérents qui disposent de politiques, règles et pratiques favorisant l'élaboration, l'utilisation, l'accessibilité et le partage des principaux ensembles nationaux de données de santé à des fins de recherche et de statistique, tout en bénéficiant d'un niveau avancé de politiques et de pratiques recommandées en matière de gouvernance des données de santé. Le Danemark, la Finlande et la Corée sont les Adhérents qui obtiennent les scores les plus élevés en matière de disponibilité, de maturité et d'utilisation des données nationales sur la santé, mais aussi en matière de politiques et pratiques de gouvernance des données de santé. Ces pays sont suivis par l'Australie, le Canada, la France, la Lettonie, les Pays-Bas, la Slovénie, la Suède et le Royaume-Uni (l'Écosse).

Graphique 5.1. Un petit groupe d'Adhérents obtient de bons résultats à la fois en termes de disponibilité, de maturité et d'utilisation des ensembles de données et de gouvernance de ces ensembles

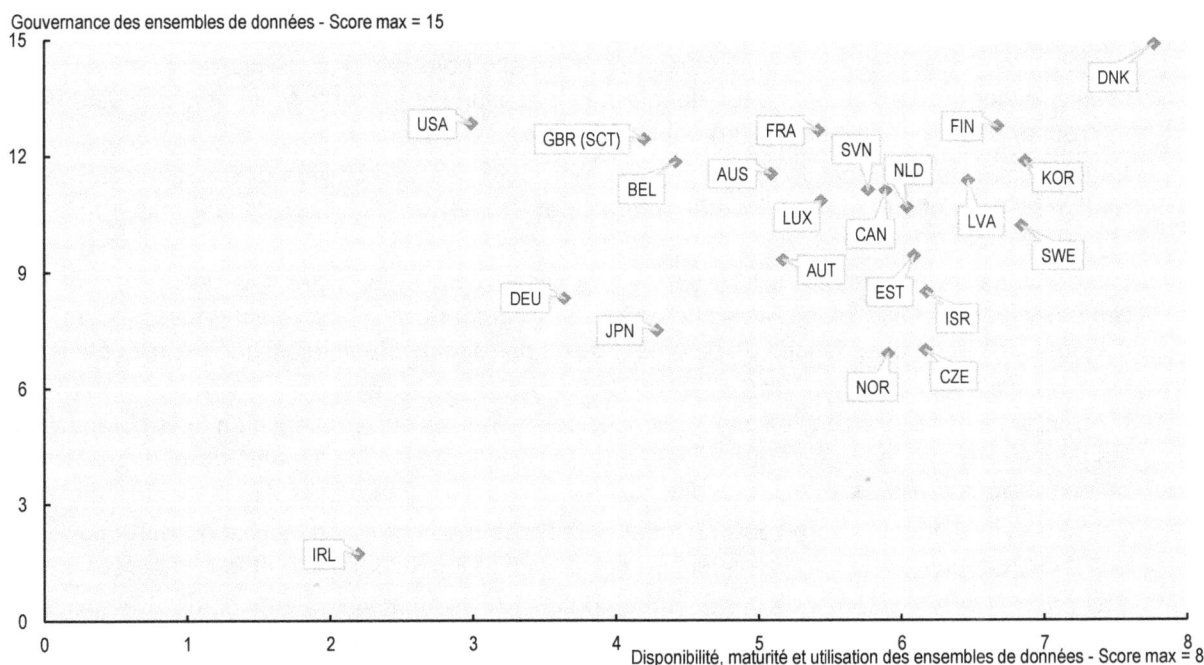

Note : le score de gouvernance des ensembles de données correspond à la somme des pourcentages des ensembles de données de santé satisfaisant aux 15 éléments de la gouvernance des ensembles de données. Le score de disponibilité, de maturité et d'utilisation des ensembles de données correspond à la somme des pourcentages des ensembles de données de santé satisfaisant aux 8 éléments de la disponibilité, la maturité et l'utilisation des ensembles de données. Voir les tableaux A.1 et A.2 de l'annexe B.
Source : Oderkirk (2021[10]), « Résultats de l'enquête : Infrastructure et gouvernance des données de santé au niveau national », https://doi.org/10.1787/55d24b5d-en.

Tous les répondants se sont heurtés à certaines difficultés quant à l'élaboration des cadres nationaux de gouvernance des données de santé. Les difficultés les plus fréquemment rencontrées sont les restrictions juridiques ou les obstacles politiques qui empêchent les autorités publiques d'établir un couplage des données (16 répondants), les préoccupations concernant la qualité des données qui limitent leur utilité (15 répondants) et les restrictions juridiques ou les obstacles politiques au partage des données entre les autorités publiques (13 répondants).

L'enquête de 2021 sur l'élaboration, l'utilisation et la gouvernance des systèmes de dossiers médicaux électroniques a mis en évidence des lacunes dans la mise en œuvre des normes de terminologie clinique et dans l'interopérabilité des données de santé et des solutions émergentes, notamment normes nouvelles, efforts de collaboration internationale en faveur de normes mondiales et adoption de modèles de données communs. L'interopérabilité des données de santé continuera, dans les prochaines années, de poser un réel défi pour le secteur.

Il ressort de l'atelier OCDE-Israël de janvier 2021 que les travaux à mener en priorité sont notamment les suivants :

- Le manque de clarté et d'harmonisation entre les cadres nationaux de gouvernance des données de santé nuit à leur mise en œuvre au sein des pays et entre eux.
- Les lois et politiques relatives à la localisation des données limitent la collaboration transfrontalière en matière de recherche médicale.

- Les conflits quant à la base juridique la plus adaptée au traitement des données (le consentement par rapport à l'intérêt public - et ce que recouvre « l'intérêt public »), affaiblissent la capacité des pays à mener des travaux de recherche et à rationaliser le processus d'approbation des projets de partage de données.

- Le manque de connaissance et d'expertise concernant l'utilisation de technologies protectrices de la vie privée limite leur adoption à plus grande échelle pour renforcer la protection des données ainsi que leur prise en compte pour élaborer une base juridique pour le traitement des données ou approuver des demandes de traitement des données.

- La nécessité de renforcer la confiance des individus, des collectivités et des sociétés dans la recherche scientifique qui sert l'intérêt général, par le biais de l'inclusion, de la transparence et de la participation.

- L'importance de reconnaître les inégalités d'accès aux données à des fins de recherche et d'y remédier, par exemple lorsque des chercheurs aux parcours divers se voient refuser l'accès à des données en raison d'exigences de paiement ou de partage de crédit, ainsi que les risques de biais dans les résultats de recherche qui en découlent.

- L'importance de reconnaître les conséquences des inégalités qui résultent d'un biais potentiel dans les données étudiées, en tant que tel ou en raison de l'inclusion insuffisante de participants issus de populations diverses, et d'y remédier.

- La nécessité d'adopter au niveau national de solides méthodes d'identification numérique pour favoriser le couplage des données tout en préservant leur confidentialité et leur sécurité.

- Ces priorités sont conformes à la Recommandation et indiquent les travaux complémentaires que l'OCDE pourrait mener pour accompagner la mise en œuvre de la Recommandation et en suivre les retombées.

Diffusion

Dans l'ensemble, la Recommandation a été largement diffusée auprès de diverses parties prenantes par divers moyens, notamment dans le biais d'une brochure la présentant, de publications, d'articles et de rapports universitaires, d'ateliers, de réunions et de discussions bilatérales, ainsi que d'enquêtes, de synthèses et d'examens par pays concernant les systèmes d'information sur la santé et leur gouvernance (OCDE, 2019[7]). La Recommandation a également été communiquée à d'autres instances internationales, notamment aux ministres de la Santé du G7 lors de leur examen approfondi d'une collaboration internationale en matière de données de santé en 2021 ; au Sommet mondial de l'Organisation mondiale de la santé (OMS) sur la gouvernance des données de santé en juin 2021 ; aux réunions de la banque de données de santé *Health Data Cooperative* en 2021 ; et aux travaux du Groupe de travail du G20 sur la santé numérique en 2020 sur les interventions de santé numérique à l'appui de la gestion des pandémies.

Les principaux points de ce rapport seront publiés sous la forme d'une boîte à outils sur la gouvernance des données de santé, qui sera diffusée dans le cadre de la série des boîtes à outils du projet « Vers le numérique ». Certains aspects du présent projet de rapport viendront également alimenter en 2022 les rapports de la phase III du projet « Vers le numérique » sur la gouvernance des données (avec pour thèmes : des réponses et une reprise tangibles après la pandémie de COVID-19 ; la bonne gestion des données, leur accès et leur contrôle), ainsi que le rapport de ce projet horizontal sur la gouvernance des données. Les résultats de ce rapport éclaireront également les travaux du Comité de la santé visant à renforcer la résilience des systèmes de santé face aux crises sanitaires, ainsi que les travaux qui seront menés dans les prochaines années pour aider les pays à renforcer leurs systèmes d'information sur la santé et la gouvernance des données de santé.

D'autres organisations internationales cherchent depuis peu à favoriser l'harmonisation et la gouvernance des données de santé à l'échelle internationale - efforts auxquels la Recommandation apporte une contribution importante. Il s'agit notamment de travaux récents menés par l'OMS, l'UE, le G7, le G20 et la Commission Lancet. L'apport constant de l'OCDE aux travaux sur la gouvernance des données de santé dirigés par d'autres organismes internationaux contribue à garantir que la Recommandation aura un large écho.

Au cours des cinq dernières années, les Adhérents se sont concentrés sur la mise en œuvre de la Recommandation au niveau national. Au cours des cinq prochaines années, ils sont encouragés à diffuser la Recommandation auprès d'autres niveaux d'administration et d'organisations non gouvernementales.

Maintien de la pertinence

Le secteur de la santé reste très en retard par rapport à d'autres secteurs économiques tels que les transports, les voyages, la banque et la finance, en termes d'interopérabilité des données. La Recommandation a été conçue de façon à être neutre sur le plan technologique et robuste face à l'évolution des données de santé et des technologies dans ce domaine.

Elle a pris une importance particulière du fait de la pandémie de COVID-19. La pandémie a mis en lumière la capacité des systèmes nationaux d'information sur la santé à fournir des informations décisives dans l'intérêt général, mais aussi certains aspects de la gouvernance des données qui ont empêché de lui apporter une réponse rapide. Ainsi qu'il est indiqué dans la section sur la diffusion, le Secrétariat est de plus en plus sollicité pour présenter la Recommandation, ses conclusions et sa mise en œuvre à l'occasion de réunions d'instances internationales ou de conférences, mais aussi pour aider les pays à mettre en place et passer en revue leurs systèmes d'information sur la santé. En outre, la Recommandation et le présent projet de rapport contribuent à un nouveau projet horizontal de l'OCDE, « Vers le numérique III », ayant pour objectif d'aider les pays à renforcer la gouvernance des données, et démontrent ainsi leur utilité dans des secteurs autres que la santé.

Prochaines étapes

Il est proposé que le Comité de la santé et le Comité de la politique de l'économie numérique continuent d'encourager la mise en œuvre, la diffusion et le maintien de la pertinence de la Recommandation et de rendre compte des évolutions au Conseil pendant encore cinq ans. Le prochain rapport pourrait évaluer l'avancement des travaux de mise en œuvre de la Recommandation grâce à la poursuite des enquêtes du Groupe de travail sur la qualité et les résultats des soins de santé (HCQO) sur l'élaboration, l'utilisation et la gouvernance des principales données de santé et la gouvernance des données de santé. En outre, il conviendrait que l'OCDE poursuive la nouvelle série d'examens par pays des systèmes d'information sur la santé afin d'aider les pays à développer la gouvernance des données de santé.

Les travaux pourraient être axés sur certains des domaines prioritaires qui sont ressortis des discussions de l'atelier OCDE-Israël en janvier 2021, et en particulier sur trois domaines qui posent problème aux Adhérents dans le cadre de la mise en œuvre de la Recommandation et aideraient les Adhérents à mettre en place des systèmes d'information sur la santé qui améliorent la résilience aux chocs : 1) renforcer l'interopérabilité des données de santé et l'analytique de données ; 2) parvenir à une plus grande harmonisation des cadres de gouvernance des données de santé afin que la collaboration internationale repose sur le partage et l'utilisation des données de santé ; et 3) améliorer le partage d'expériences et de meilleures pratiques en matière de sécurité des données de santé en réponse à la multiplication des attaques malveillantes contre ce type de données.

Le CPEN, par l'intermédiaire de ses organes subsidiaires, continuera aussi d'étudier les questions et défis susmentionnés. Il poursuivra plus précisément ses travaux sur les mesures qui conditionnent la circulation transfrontière des données et sur les conséquences économiques et sociétales de ces mesures, et il continuera d'élaborer de nouvelles orientations pratiques dans des domaines tels que les technologies protectrices de la vie privée, les bacs à sable réglementaires et la gestion du risque de sécurité numérique. En outre, le CPEN continuera de suivre et d'examiner les approches de l'accès aux données et de leur partage, la concurrence par les données et la concentration des marchés, ainsi que l'amélioration des processus d'évaluation, d'utilisation et d'échange des données.

Les Adhérents devraient également être encouragés à poursuivre la mise en œuvre de la Recommandation et à la diffuser plus largement à tous les niveaux d'administration ainsi qu'à d'autres parties prenantes telles que les organisations non gouvernementales actives dans le traitement des données personnelles de santé. L'évaluation par les Adhérents de l'impact de leur cadre national de gouvernance des données de santé sur la disponibilité et l'utilisation des données personnelles de santé pourrait leur permettre de recenser les domaines dans lesquels ils doivent intensifier leurs efforts de mise en œuvre de la Recommandation.

Références

Alder, S. (2021), *2020 Healthcare Data Breach Report: 25% Increase in Breaches in 2020*, https://www.hipaajournal.com/2020-healthcare-data-breach-report-us/. [24]

Anderson, G. et J. Oderkirk (dir. pub.) (2015), *Dementia Research and Care : Can Big Data Help?*, Éditions OCDE, Paris, https://doi.org/10.1787/9789264228429-en. [4]

Andreux, M. (2020), « Federated Survival Analysis with Discrete-Time Cox Models, International Workshop on Federated Learning for User Privacy and Data Confidentiality in Conjunction with ICML 2020 (FL-ICML'20) », *Machine Learning*, https://doi.org/10.48550/arXiv.2006.08997. [27]

BakerHostetler (2019), *Managing Enterprise Risks in a Digital World*, Baker Hostetler, US, https://f.datasrvr.com/fr1/419/17257/2019_BakerHostetler_DSIR_Final.pdf?cbcachex=990603. [23]

Canada (2021), « Pan-Canadian Health Data Strategy, Expert Advisory Group Report 1: Charting a Path Toward Ambition, », https://www.canada.ca/en/public-health/corporate/mandate/about-agency/external-advisory-bodies/list/pan-canadian-health-data-strategy-report. [21]

Di Iorio, C. (2019), « Assessing data protection and governance in health information systems: a novel methodology of Privacy and Ethics Impact and Performance Assessment (PEIPA) », *J Med Ethics*, https://doi.org/10.1136/medethics-201. [15]

Di Iorio, C., F. Carinci et J. Oderkirk (2013), « Health research and systems' governance are at risk: should the right to data protection override health? », *Journal of Medical Ethics*, vol. 40/7, pp. 488-492, https://doi.org/10.1136/medethics-2013-101603. [5]

EC (2021), *e-Health Digital Health and Care - European Health Data Space*, https://ec.europa.eu/health/ehealth/dataspace_en. [31]

EHDEN (2021), *European Health Data and Evidence Network*, https://www.ehden.eu/. [26]

Eichler, H. (2019), « Data Rich, Information Poor: Can We Use Electronic Health Records to Create a Learning Healthcare System for Pharmaceuticals? », *Clin Pharmacol Ther*, vol. 105/4, pp. 912-922, https://pubmed.ncbi.nlm.nih.gov/30178490/. [14]

Haring R, K. (dir. pub.) (2020), *Health Information Systems, Electronic Medical Records, and Big Data in Global Healthcare: Progress and Challenges in OECD Countries*. [13]

Iwaya, S., E. Koksal-Oudot et E. Ronchi (2021), « Promoting comparability in personal data breach notification reporting », *Documents de travail de l'OCDE sur l'économie numérique*, n° 322, Éditions OCDE, Paris, https://doi.org/10.1787/88f79eb0-en. [22]

Magazanik, L. (2022), *Supporting Health Innovation With Fair Information Practice Principles: Key issues emerging from the OECD-Israel Workshop of 19-20 January 2021*, OCDE, Paris, https://www.oecd.org/health/OECD-Israel-Health-Data-Governance-Workshop-Report.pdf. [9]

NHS Digital (2021), « Trusted Research Environment Service for England », https://digital.nhs.uk/coronavirus/coronavirus-data-services-updates/trusted-research-environment-service-for-england#working-in-the-safe-setting-nhs-digital-s-data-access-environment. [28]

OCDE (2022), *Towards an Integrated Health Information System in the Netherlands*, Éditions OCDE, Paris, https://doi.org/10.1787/a1568975-en. [20]

OCDE (2021), *OECD Going Digital Toolkit: Trust Dimension*, OCDE, Paris, https://goingdigital.oecd.org/dimension/trust. [18]

OCDE (2020), *Les réponses de l'OCDE face au coronavirus (COVID-19)*, Éditions OCDE, Paris, https://www.oecd.org/coronavirus/fr. [19]

OCDE (2020), « Opportunities and challenges in blockchain technologies in health care », *OCDE Blockchain Policy Series*, OCDE, Paris, https://www.oecd.org/finance/Opportunities-and-Challenges-of-Blockchain-Technologies-in-Health-Care.pdf. [17]

OCDE (2019), *Health in the 21st Century : Putting Data to Work for Stronger Health Systems*, OECD Health Policy Studies, Éditions OCDE, Paris, https://doi.org/10.1787/e3b23f8e-en. [12]

OCDE (2019), « Recommandation du Conseil sur la gouvernance des données de santé », Éditions OCDE, Paris, https://legalinstruments.oecd.org/fr/instruments/OECD-LEGAL-0433. [7]

OCDE (2017), « Déclaration ministérielle », *Réunion ministérielle de l'OCDE sur la santé : La prochaine génération des réformes de la santé*, OCDE, Paris, https://www.oecd.org/fr/sante/declaration-ministerielle-2017.pdf. [8]

OCDE (2015), *Health Data Governance : Privacy, Monitoring and Research*, OECD Health Policy Studies, Éditions OCDE, Paris, https://doi.org/10.1787/9789264244566-en. [2]

OCDE (2013), *Strengthening Health Information Infrastructure for Health Care Quality Governance : Good Practices, New Opportunities and Data Privacy Protection Challenges*, OECD Health Policy Studies, Éditions OCDE, Paris, https://doi.org/10.1787/9789264193505-en. [1]

Oderkirk, J. (2021), « Survey results: National health data infrastructure and governance », *Documents de travail de l'OCDE sur la santé*, n° 127, Éditions OCDE, Paris, https://doi.org/10.1787/55d24b5d-en. [10]

Oderkirk, J. (2018), « Governing data for better health and healthcare », *OECD Observer*, http://OECD Observer. [11]

Oderkirk, J. (2017), « Readiness of electronic health record systems to contribute to national health information and research », *Documents de travail de l'OCDE sur la santé*, n° 99, Éditions OCDE, Paris, https://doi.org/10.1787/9e296bf3-en. [3]

Oderkirk, J., E. Ronchi et N. Klazinga (2013), « International comparisons of health system performance among OECD countries: Opportunities and data privacy protection challenges », *Health Policy*, vol. 112/1-2, pp. 9-18, https://doi.org/10.1016/j.healthpol.2013.06.006. [6]

Oliveira Hashiguchi, T., L. Slawomirski et J. Oderkirk (2021), « Laying the foundations for artificial intelligence in health »*, Documents de travail de l'OCDE sur la santé*, n° 128, Éditions OCDE, Paris, https://doi.org/10.1787/3f62817d-en. [16]

OpenSAFELY (2021), *Secure analytics platform for NHS Electronic Health Records*, https://www.opensafely.org/. [29]

Raisaro, J. (2020), « SCOR: A secure international informatics infrastructure to investigate COVID-19 », *Journal of the American Medical Informatics Association*, vol. 27/11, pp. 1721-1726, https://doi.org/10.1093/jamia/ocaa172. [25]

Svantesson, D. (2020), « Data localisation trends and challenges : Considerations for the review of the Privacy Guidelines »*, OECD Digital Economy Papers*, n° 301, OECD Publishing, Paris, https://doi.org/10.1787/7fbaed62-en. [30]

Annex A. Tableaux supplémentaires

Tableau A A.1. Disponibilité, maturité et utilisation des ensembles de données nationales sur la santé

Pays	% des grands ensembles de données nationales sur la santé disponibles[1]	% des ensembles de données sur la santé disponibles avec une couverture d'au moins 80 % de la population	% des ensembles de données sur la santé disponibles où les données sont extraites automatiquement de dossiers cliniques ou administratifs électroniques	% des ensembles de données sur la santé disponibles où le délai entre l'enregistrement des données et leur intégration dans l'ensemble de données est d'une semaine ou moins	% des ensembles de données sur la santé disponibles partageant le même ID unique de patient	% des ensembles de données sur la santé disponibles où des codes normalisés sont utilisés pour la terminologie clinique	% des ensembles de données sur la santé disponibles utilisés pour rendre compte de la qualité des soins de santé et de la performance des systèmes de santé (indicateurs publiés)	% des ensembles de données sur la santé disponibles régulièrement couplés à des fins de recherche, de statistique et/ou de suivi (indicateurs)	Somme
Australie	92%	100%	56%	17%	17%	78%	83%	67%	5.09
Autriche	92%	100%	78%	0%	33%	89%	75%	42%	5.17
Belgique	69%	71%	86%	11%	22%	71%	78%	33%	4.42
Canada	85%	75%	75%	0%	64%	100%	91%	100%	5.89
Rép. tchèque	77%	100%	100%	0%	90%	100%	90%	60%	6.17
Danemark	100%	100%	100%	77%	100%	100%	100%	100%	7.77
Estonie	92%	89%	78%	50%	83%	100%	92%	25%	6.09
Finlande	85%	100%	56%	36%	100%	100%	91%	100%	6.67
France	92%	78%	56%	8%	58%	100%	83%	67%	5.42
Allemagne	31%	100%	33%	0%	0%	100%	100%	0%	3.64
Irlande	77%	86%	29%	0%	0%	29%	0%	0%	2.20
Israël	85%	88%	100%	18%	64%	100%	100%	64%	6.18
Japon	85%	100%	75%	0%	45%	88%	27%	9%	4.29
Corée	92%	89%	89%	58%	100%	100%	92%	67%	6.87
Lettonie	77%	88%	63%	80%	80%	100%	90%	70%	6.47
Luxembourg	77%	100%	71%	10%	70%	86%	100%	30%	5.44
Pays-Bas	92%	70%	100%	0%	75%	100%	83%	83%	6.04
Norvège	100%	80%	90%	0%	77%	90%	85%	69%	5.91
Singapour (non-adhérent)	100%	80%	100%	0%	62%	90%	31%	31%	4.93
Slovénie	77%	100%	100%	0%	70%	100%	70%	60%	5.77
Suède	92%	100%	100%	8%	92%	100%	100%	92%	6.84
Royaume-Uni (Écosse)	92%	100%	67%	0%	0%	78%	67%	17%	4.20
États-Unis	54%	33%	17%	0%	14%	67%	57%	57%	2.99

Note : la colonne « somme » est la somme des colonnes précédentes, et le maximum est 8. s. o. : sans objet

1. Treize ensembles de données nationales incluant dix ensembles de données de santé (patients hospitalisés, patients hospitalisés pour maladie mentale, soins d'urgence, soins primaires, médicaments délivrés sur ordonnance, cancer, diabète, maladies cardiovasculaires, mortalité, et soins professionnels de longue durée) ; enquête sur le vécu des patients, enquête sur la santé de la population et recensement ou registre de la population.

Source : Oderkirk (2021[10]), « Résultats de l'enquête : Infrastructure et gouvernance des données de santé au niveau national », https://doi.org/10.1787/55d24b5d-en.

Tableau A A.2. Pourcentage des grands ensembles de données de santé nationaux comportant des éléments de gouvernance recommandés

Pays	La législation autorise les ensembles de données	Responsable de la protection de la vie privée/des données	Le personnel est formé à la protection des données	Contrôles d'accès aux données du personnel	Données désidentifiées avant analyse	Évaluation du risque d'attaque visant à la réidentification des données	Données partagées au sein du secteur public	Données partagées avec le secteur universitaire/à but non lucratif	Données partagées avec le secteur à but lucratif	Données partagées avec d'autres pays	Accord type de partage des données	Service d'accès aux données à distance ou centre de données de recherche	Description publique des ensemble de données
Australie	67%	100%	100%	100%	100%	0%	78%	89%	89%	100%	78%	33%	100%
Autriche	100%	100%	100%	100%	100%	0%	89%	44%	33%	33%	0%	78%	
Belgique	100%	100%	100%	100%	100%	43%	57%	100%	0%	100%	100%	29%	100%
Canada	25%	100%	100%	100%	100%	0%	88%	88%	75%	75%	88%	25%	100%
Rép. tchèque	100%	100%	100%	100%	100%	0%	0%	0%	0%	0%	0%	0%	100%
Danemark	100%	100%	100%	100%	100%	90%	100%	100%	100%	100%	100%	100%	100%
Estonie	100%	100%	33%	100%	100%	0%	100%	89%	89%	89%	0%	0%	100%
Finlande	100%	100%	100%	67%	100%	0%	100%	100%	100%	100%	100%	11%	100%
France	78%	100%	100%	100%	100%	78%	100%	100%	78%	78%	67%	67%	100%
Allemagne	67%	67%	33%	33%	67%	33%	33%	67%	33%	67%	67%	33%	100%
Irlande	100%	14%	14%	0%	0%	0%	0%	0%	0%	0%	14%		
Israël	88%	100%	0%	0%	100%	0%	88%	88%	0%	0%	100%	63%	
Japon	100%	100%	13%	75%	88%	0%	0%	88%	13%	0%	75%	0%	100%
Corée	100%	100%	100%	100%	100%	89%	89%	89%	0%	0%	78%	78%	100%
Lettonie	100%	100%	100%	100%	100%	0%	100%	100%	0%	38%	100%	0%	100%
Luxembourg	100%	100%	100%	100%	100%	14%	100%	100%	0%	57%	100%	86%	100%
Pays-Bas	80%	100%	100%	60%	100%	20%	70%	80%	20%	60%	100%	50%	100%
Norvège	90%	0%	0%	0%	0%	0%	100%	100%	100%	100%	0%	0%	100%
Singapour (non-adhérent)	40%	100%	100%	100%	70%	80%	10%	100%	100%	100%	50%	100%	100%
Slovénie	100%	100%	100%	100%	100%	0%	14%	100%	0%	100%	100%	100%	100%
Suède	89%	100%	100%	11%	100%	11%	100%	100%	0%	0%	100%	11%	100%
Royaume-Uni (Écosse)	89%	89%	89%	89%	89%	89%	89%	89%	89%	0%	89%	89%	100%
États-Unis¹	100%	100%	100%	100%	100%	100%	83%	100%	100%	0%	100%	100%	100%

Note : La somme est celle des colonnes précédentes, et sa valeur maximale est 15.

1. Ensemble de données de santé national du *National Center for Health Statistics* aux États-Unis.

Source : Oderkirk, (2021[10]), « Résultats de l'enquête : Infrastructure et gouvernance des données de santé au niveau national », https://doi.org/10.1787/55d24b5d-en

Notes

[1] Voir le tableau A.A.1 de l'annexe A dans Oderkirk (2021[10]) pour les noms, les fonctions et les organisations des personnes qui ont coordonné les réponses au questionnaire dans chaque pays.

[2] L'Assemblée mondiale pour la protection de la vie privée est l'instance mondiale des autorités chargées de la protection et de la confidentialité des données. Voir https://globalprivacyassembly.org/.

[3] Rapports disponibles à l'adresse : https://www.hiqa.ie/reports-and-publications/health-information.

[4] Les dix ensembles de données nationales sur la santé examinés dans l'étude étaient les données sur les patients hospitalisés, les données sur les patients hospitalisés pour maladie mentale, les données sur les soins d'urgence, les données sur les soins primaires, les données sur les médicaments délivrés sur ordonnance, les registres du cancer, les registres du diabète, les registres des maladies cardiovasculaires, les données sur la mortalité et les données sur les soins de longue durée.

[5] Les données des patients hospitalisés et les enquêtes sur la santé de la population du NCHS (*National Center for Health Statistics*) sont régulièrement couplées aux données des CMS (*Centers for Medicare & Medicaid Services*), au MBSF (*Medicare Beneficiaries Summary File*) et au NDI (*National Death Index*). Les données relatives aux médicaments sur ordonnance sont liées aux données des CMS, au NDI, aux données du HUD (*Housing and Urban Development*), aux données de la SSA (*Social Security Administration*) et à celles du USRDS (*United States Renal Data System*). Voir Oderkirk (2021[10]).

www.ingramcontent.com/pod-product-compliance
Lightning Source LLC
Chambersburg PA
CBHW080620270326
41928CB00016B/3134